AUTORE

Paolo Crippa (23 aprile 1978) coltiva sin dai tempi del Liceo la passione per la Storia italiana, soprattutto della Seconda Guerra Mondiale. Le sue ricerche si incentrano soprattutto nel campo della storia militare ed in particolare sulle unit. corazzate a partire dagli anni '30 fino alla fine della Seconda Guerra Mondiale. Nel 2006 pubblica il suo primo volume, *"I Reparti Corazzati della Repubblica Sociale Italiana 1943/1945"*, prima ricerca organica compiuta e pubblicata in Italia sull'argomento, a cui fanno seguito *"Duecento Volti della R.S.I."* (2007) e *"Un anno con il 27° Reggimento Artiglieria Legnano"* (2011). Ha all'attivo una quarantina di articoli per le riviste Milites, Historica Nuova, SGM – Seconda Guerra Mondiale, Batailes & Blindes, Mezzi Corazzati e Storia del Novecento, sia come autore, sia in collaborazione con altri ricercatori. Ha realizzato collaborazioni e consulenze per altri autori nella stesura di testi storico – uniformologici. Con Mattioli 1885 ha pubblicato *"Italia 43 – 45 – I blindati di circostanza della Guerra Civile"* (2014), *"I mezzi corazzati della Guerra Civile 1943 -1945"* (2015) e *"Italia 43 – 45 – I mezzi delle unit. cobelligeranti"* (2018). Dal 2020 è direttore della collana Witness to war di Soldiershop.

Paolo Crippa (23 April 1978) has cultivated his passion for Italian history since high school. His research interests are focused mainly in the field of military history and in particular on italian armored units from the 30s until the end of World War II. In 2006 he published his first volume, "I Reparti Corazzati della Repubblica Sociale Italiana 1943/1945", the first organic research carried out and published in Italy on the subject. In 2007 he published "Duecento Volti della R.S.I." and in 2011 " Un anno con il 27° Reggimento Artiglieria Legnano". He regularly contributes to several journals: Milites, New Historica, SGM - World War II, Batailes & Blindes, Armoured Vehicles and history of the twentieth century, Mezzi Corazzati, both as an author, or in collaboration with other researchers. He published with the editor Mattioli 1885 in 2014 "Italy 43 – 45 – Civil War improvised AFV's" (2014), "Italian AFV's of the Civil War 1943 - 1945" (2015) and "Italy 43 – 45 – AFV's and MV's of co-belligerent units" (2018).

PUBLISHING'S NOTES

None of unpublished images or text of our book may be reproduced in any format without the expressed written permission of Luca Cristini Editore (already Soldiershop.com) when not indicate as marked with license creative commons 3.0 or 4.0. Luca Cristini Editore has made every reasonable effort to locate, contact and acknowledge rights holders and to correctly apply terms and conditions to Content.

Every effort has been made to trace the copyright of all the photographs. If there are unintentional omissions, please contact the publisher in writing at: info@soldiershop.com, who will correct all subsequent editions.

Our trademark: Luca Cristini Editore@, and the names of our series & brand: Soldiershop, Witness to war, Museum book, Bookmoon, Soldiers&Weapons, Battlefield, War in colour, Historical Biographies, Darwin's view, Fabula, Altrastoria, Italia Storica Ebook, Witness To History, Soldiers, Weapons & Uniforms, Storia etc. are herein @ by Luca Cristini Editore.

LICENSES COMMONS

This book may utilize part of material marked with license creative commons 3.0 or 4.0 (CC BY 4.0), (CC BY-ND 4.0), (CC BY-SA 4.0) or (CC0 1.0). We give appropriate attribution credit and indicate if change were made in the acknowledgments field. Our WTW books series utilize only fonts licensed under the SIL Open Font License or other free use license.

For a complete list of Soldiershop titles please contact Luca Cristini Editore on our website: www.soldiershop.com or www.cristinieditore.com. E-mail: info@soldiershop.com

Titolo: **DALLA SICILIA AL SENNIO** Code.: **WTW-016** Di Paolo Crippa
ISBN code: 978-88-93276252 prima edizione agosto 2020 (ebook ISBN 9788893276269)
Lingua: Italiano Nr. di immagini: 71 dimensione: 177,8x254mm Cover & Art Design: Luca S. Cristini

WITNESS TO WAR (SOLDIERSHOP) is a trademark of Luca Cristini Editore, via Orio, 35/4 - 24050 Zanica (BG) ITALY.

WITNESS TO WAR

DALLA SICILIA AL SENIO

LA STRAORDINARIA STORIA DEL TENENTE GIORGIO DE SANCTIS

PHOTOS & IMAGES FROM WORLD WARTIME ARCHIVES

PAOLO CRIPPA
con la collaborazione di
GIANDOMENICO DE SANCTIS e **LUIGI MANES**

BOOKS TO COLLECT

INDICE

Prefazione..5
Introduzione...7
Il Genio Guastatori durante la Seconda Guerra Mondiale 9
    XXX Battaglione Guastatori...10
    XXXI Battaglione Guastatori..11
    XXXII Battaglione Guastatori...13
    10ª Compagnia Guastatori "Santa Barbara"...14
    11ª Compagnia Guastatori..14
    30ª Compagnia Guastatori Alpini..14
    30ª Compagnia Guastatori Alpini Bis...15
    XXXI Battaglione Guastatori Alpini..15
    VIII Battaglione Guastatori Paracadutisti...15
Dopo l'Armistizio nel "Regno del Sud"..17
    CLXXXIV Battaglione Guastatori Paracadutisti..17
Dopo l'Armistizio con la Repubblica Sociale Italiana...25
    I Battaglione Guastatori del Genio..25
    II Battaglione Guastatori del Genio...25
    I Battaglione Guastatori del Genio "Perugia"...26
    Battaglione Guastatori Alpini "Valanga"..27
Giorgio De Sanctis: la più giovane Medaglia d'Oro della Seconda Guerra Mondiale............31
    Esperienza di guerra in Sicilia..31
    Dopo l'Armistizio..41
    Il Dopoguerra...42
    Decorazioni del Tenente De Sanctis..42
870° Nucleo Speciale Guastatori Genio...55
    In linea con gli Alleati sul fronte di Roma..56
    La liberazione di Firenze..56
    Dalla Linea Gotica a Bologna...59
    Decorazioni..60
    Le perdite del Nucleo...62
    L'uniforme..63
Il Gruppo di Combattimento "Friuli"...69
    Il CXX Battaglione Misto Genio del Gruppo di Combattimento "Friuli".............72
    Ordine di battaglia del Gruppo di Combattimento "Friuli".................................74
Documenti...79
Bibliografia..97

PREFAZIONE

Da molti anni avevo il desiderio di ricordare mio padre Giorgio con una pubblicazione che portasse alla conoscenza del più vasto pubblico le sue vicende belliche.

In vita non ebbe modo, o forse non volle, dare una sistemazione organica a tutti i documenti ed appunti che aveva raccolto nel periodo della Seconda Guerra Mondiale, e poi della Guerra di Liberazione, e negli anni successivi.

Ma ero convinto che, invece, quei testi e quelle foto meritassero molto di più, che restare chiusi in un archivio privato.

Rileggendo quei fogli di tanti anni fa ho provato una forte emozione. Davanti a me riapparivano i gesti eroici, i sentimenti, le speranze, le difficoltà, la tenacia, ma anche fatti più minuti della vita quotidiana in tempo di guerra, di un giovanissimo e coraggiosissimo uomo, mio padre Giorgio, e del suo piccolo gruppo di commilitoni ed amici, altrettanto coraggiosi. La vita dei combattenti delle Forze Italiane Cobelligeranti non fu certamente facile in guerra, ma anche negli anni successivi, quando doverono ancora una volta proseguire l'impegno per avere il giusto riconoscimento del loro valore.

In quelle parole scritte ho rivissuto tanti fatti di cui talvolta mi parlava con brevi accenni. Ed ho anche capito da dove nascevano quei legami indissolubili di amicizia profonda, che aveva con i suoi ex compagni di guerra, anche dopo molti anni.

Da questa lettura, e dal tempo che ho avuto l'onore e la felicità di vivere con mio padre, ho tratto soprattutto un insegnamento: i veri eroi sono uomini e donne semplici, altruisti, spesso schivi e riservati. Ma capaci, quando gli avvenimenti lo richiedono, di atti fuori del comune, eroici, appunto.

E così è stato mio padre, Giorgio De Sanctis.

Per questo la sua storia, certamente non comune, meritava di essere riscoperta e diffusa più largamente. Ma questo non è stato possibile, fino al momento in cui ho avuto modo di conoscere ed apprezzare il lavoro di Paolo Crippa, autore di quest'opera, studioso e profondo conoscitore delle vicende italiane degli anni della Seconda Guerra Mondiale, ed autore di volumi su quel periodo e sulla Guerra di Liberazione in particolare.

Solo il suo lavoro attento e la sua passione hanno consentito che quest'opera potesse nascere. A lui va quindi il mio più grande e sincero ringraziamento.

In conclusione, sarò felice se questo volume interesserà e coinvolgerà i lettori, perché avrò la soddisfazione di aver dato il mio piccolo contributo nell'onorare e rinnovare la memoria di mio padre Giorgio, a cui dedico il volume stesso.

Giandomenico De Sanctis

▲ Reparto di Guastatori del XXXI Battaglione in marcia in Nord Africa.

▼ Guastatore del XXXI Battaglione impegnato nell'opera di stesa di un campo minato: si nota al braccio il brevetto della specialità.

INTRODUZIONE

Giorgio De Sanctis, classe 1921, Tenente del Genio Guastatori, fronte della Sicilia, Guerra di Liberazione come comandante dell'870° Nucleo Speciale Guastatori Genio, dapprima con la V Armata Americana e poi con il Gruppo di Combattimento "Friuli", ma soprattutto il più giovane decorato di Medaglia d'Oro al Valor Militare italiano. Per molti l'870° Nucleo Speciale Guastatori Genio è solamente un nome, o poco più, all'interno degli annali della Storia Militare italiana. Lo era anche per me fino ad un anno fa.

Ma poi avvengono incontri (anche se solo telefonici) con persone che ti portano un nuovo punto di vista. Vengo infatti contattato da Giandomenico De Sanctis, figlio dell'eroico Giorgio, che desidera parlarmi, appunto, del reparto comandato da suo padre, reparto poco o nulla citato, nemmeno in un libro scritto a quattro mani da me e da Luigi Manes nel 2018 sul Primo Raggruppamento Motorizzato, Corpo Italiano di Liberazione e Gruppi di Combattimento cobelligeranti. Giandomenico De Sanctis mi racconta, mi parla di suo padre, ogni volta aggiunge informazioni, stimolando la mia (grande) fame e curiosità storica, condividendo con me i numerosi documenti raccolti dal padre: relazioni scritte di suo pugno, relazioni di ufficiali italiani, proposte di decorazione, lettere di stima ed elogi italiani ed americani, motivazioni di decorazioni, fotografie.

E nasce così l'idea di questo libro, un volume che vuole raccogliere tutte queste testimonianze, che vuole raccontare la storia di un piccolo manipolo di "arditi" giovani, che combatterono con eroismo e fecero con senso del dovere la loro parte nel tremendo meccanismo che fu la Seconda Guerra Mondiale. Sono questi incontri che danno, più di altre cose, un senso al lavoro di ricerca storica, il poter abbinare nomi, foto e documenti, ma soprattutto poter parlare con persone direttamente (anche solo marginalmente) coinvolte nella grande danza della Storia, dopo ancora così tanti anni. Al termine di questo lungo periodo di studio, che ha portato alla stesura di questo volume, desidero ringraziare in primo luogo Giandomenico De Sanctis, figlio di Giorgio: senza di lui non sarebbe stato possibile raccontare questo cameo di eroismo e di storia militare italiana. Oltre ad avere generosamente aperto l'archivio del padre, ha risposto pazientemente alle mie innumerevoli domande e questioni, mi ha aiutato a dipanare dubbi ed aspetti poco chiari, a completare informazioni, fornendomi documenti e fotografie... e molto tempo prezioso. Il secondo grande "Grazie!" va all'Amico Luigi Manes, che ha curato la stesura del capitolo inerente al Gruppo di Combattimento "Friuli". Profondo conoscitore delle Forze Armate Alleate, segnatamente di quelle operanti sul fronte italiano durante la Seconda Guerra Mondiale, il suo apporto è stato fondamentale nel trovare "quel qualcosa in più", che ha permesso di completare ed arricchire la pubblicazione. Ringrazio infine l'Amico (e valente Ricercatore) Niccolò Tognarini, che ha condiviso inediti documenti e fotografie del 1st I.C.U., l'unità alleata con cui Giorgio De Sanctis ed i suoi uomini compirono imprese eroiche.

Chiudo con una doppia dedica. In primo luogo, a tutti quei giovani come il Tenente De Sanctis, che hanno sacrificato la gioventù, per dare un'Italia migliore alle generazioni future. In secondo luogo, poiché la stesura finale di questo libro ha impegnato le mie giornate durante quella tremenda sciagura che è stata l'epidemia di COVID-19, dedico il testo a tutti coloro che ci hanno ricordato di che tempra è fatto il nostro Paese: medici, infermieri, forze armate, forze dell'ordine, vigili del fuoco, volontari del soccorso e della Protezione Civile e tutti i più umili lavoratori, che ci hanno permesso di poter continuare a vivere in quei giorni bui.

Paolo Crippa

▲ Un flammiere dei Guastatori avanza strisciando verso le postazioni nemiche tra le sabbie del deserto.

▼ Presso il Museo della Battaglia di El Alamein in Egitto una intera vetrina è dedicata ai reparti italiani che presero parte a questo epico scontro. Vi si trova questo manichino che veste l'uniforme di un sergente maggiore del XXXI Battaglione Genio Guastatori: sulla manica sinistra della giacca sahariana color cachi capeggia il brevetto dei Guastatori.

IL GENIO GUASTATORI DURANTE LA SECONDA GUERRA MONDIALE

All'interno dell'Arma del Genio, i Guastatori hanno rappresentato, sin dalla loro costituzione, un unicum, in quanto unità composte da militari specializzati nell'attacco e nella difesa di opere fortificate, ma anche nel distruggere mezzi corazzati, piazzare e disinnescare ordigni esplosivi.

La specialità dei Guastatori, concepita in chiave moderna come la conosciamo anche oggi[1], fu costituita dal Regio Esercito solamente a partire dal luglio 1940 ed è quindi relativamente giovane. Il 29 luglio del 1940 fu costituita infatti ufficialmente la Scuola Guastatori del Genio a Civitavecchia, in zona Campo dell'Oro, lungo le alture di Poggio Paradiso[2], comandata dal colonnello Piero Steiner, ispirata ai "Genieri d'Assalto" tedeschi, che avrebbe dovuto addestrare personale militare destinato al particolare e rischioso compito di avvicinarsi alle opere fortificate nemiche, e collocare cariche esplosive nei punti più vulnerabili (feritoie, porte, botole), attendere l'esplosione a pochi metri di distanza e quindi, con l'appoggio di armi d'assalto (fucili d'assalto, mitragliatrici, lanciafiamme, mortai e bombe a mano), irrompere attraverso la breccia aperta. La zona dove fu stabilita la Scuola fu prescelta perché il brullo territorio apparve ideale per simulare gli attacchi atti a rendere inoffensivi i fortini e bunker inglesi posti nell'Africa Settentrionale, primo fronte a cui sarebbero stati destinati i Guastatori. Sul terreno furono costruiti una quarantina di bunker, a quote e distanze diverse, quasi tutti identici, alti quasi 3 metri e composti da una parte coperta a cupola e un adiacente muro. Solo 3 bunker furono realizzati in dimensioni maggiori per essere utilizzati come osservatori durante le esercitazioni[3].

Il primo corso, formato da elementi del Genio Artieri, prese avvio il 10 agosto in un campo con tende, a metà settembre la scuola poté ospitare quasi 1000 uomini nelle apposite baracche ed entro fine mese furono brevettate le prime 4 Compagnie:

1° Corso Guastatori (10 agosto – 30 settembre 1940)
- 1ª Compagnia Guastatori "Giaguaro"
- 2ª Compagnia Guastatori "Lupo"
- 7ª Compagnia Guastatori "Tigre"
- 8ª Compagnia Guastatori "Leone"

Quasi immediatamente, per esigenze belliche, fu organizzato un secondo corso, che brevettò altre 5 Compagnie, di cui una Alpina ed una formata interamente da militari della Sardegna:

---

1 Reparti militari molto simili al moderno concetto di Guastatore, i "guastatores", erano già nominati in documenti militari dell'epoca dei romani ed assunsero un ruolo fondamentale nelle guerre medievali intervenendo con i loro mezzi e tecniche "pro guasto faciendo" ("per creare danni").
2 Secondo alcune fonti, la Scuola Guastatori sorse sul luogo da cui Hitler e Mussolini seguirono le grandi esercitazioni militari aeronavali del 7 maggio 1938, prima di recarsi a pranzo al Castello Odescalchi di Santa Marinella con il Re d'Italia Vittorio Emanuele III ed Himmler.
3 Nella zona dove sorse la Scuola si incontrano tuttora i resti di questi bunker dove si addestrarono, agli inizi della Seconda Guerra Mondiale, i Guastatori.

2° Corso Guastatori (5 ottobre – 18 novembre 1940)
- 3ª Compagnia Guastatori "Folgore"
- 4ª Compagnia Guastatori "Uragano"
- 5ª Compagnia Guastatori "Tormenta"
- 6ª Compagnia Guastatori (sardi) "Teste Dure"
- 9ª Compagnia Guastatori Alpini "Valanga"

La Scuola Guastatori Genio in poco meno di quattro mesi dunque addestrò personale per formare 9 Compagnie Guastatori, ognuna con un proprio nome di battaglia. L'unità base dei Guastatori era il Plotone, strutturato ed addestrato in modo tale da essere in grado di attaccare con successo un'opera difensiva nemica dotata di 3 o 4 postazioni attive. Ciascun Plotone era organizzato su due Gruppi Distruzione (ciascuno dotato di armamento individuale, bombe a mano, candelotti fumogeni, cariche allungate per aprire varchi e cariche speciali per la distruzione di feritoie e per il danneggiamento di cupole corazzate) e due Gruppi Sostegno (dotati di mitragliatrici e mortai Brixia da 45mm). Condizioni necessarie per la riuscita dell'assalto erano: sorpresa, temerarietà, pianificazione, sincronizzazione e rapidità d'azione.
Il 19 novembre del 1940 la 3ª e la 4ª Compagnia furono assegnate alla 10ª Armata e destinate al fronte africano (dove arrivarono il 14 gennaio 1941), la 5ª, la 6ª e la 9ª Compagnia confluirono nell'11° Reggimento Genio. Successivamente le Compagnie andarono a formare 3 Battaglioni Guastatori; il primo ad essere formato il 15 marzo 1941 fu il XXX Battaglione Guastatori, costituito dalla 5ª, 6ª Compagnia guastatori e dalla 9ª Compagnia Guastatori Alpini. Alla stessa data la 3ª e la 4ª Compagnia furono riunite in un Battaglione Guastatori di Formazione del 1° Raggruppamento Speciale Genio.
La scuola per i Guastatori fu successivamente spostata a Banne (TS) presso il 5° Reggimento Genio, dove furono effettuati altri 3 corsi il III, il IV ed il V, presso la caserma "Monte Cimone".

XXX Battaglione Guastatori
Come abbiamo visto, fu il primo Battaglione Guastatori, formato a Verona il 15 marzo 1941, presso il Deposito del 4° Reggimento Genio. In quel momento le tre Compagnie che lo formavano si trovavano tutte sul fronte Greco - Albanese, da dove fecero rientro in Italia nel mese di giugno, dislocandosi prima a Udine, poi a Ronchi dei Legionari per svolgere attività addestrativa in previsione di un nuovo e più impegnativo compito. Contemporaneamente la 6^ compagnia fu trasferita alla Divisione Aviotrasportata "La Spezia", assumendo la nuova numerazione di 5^ e mantenendo il nome "Teste Dure".
Il 17 marzo 1942 il XXX Battaglione, su due Compagnie, fu assegnato al Corpo d'Armata Alpino, in via di costituzione, e si trasferisce a Brunico per addestrarsi alle operazioni in montagna, partendo per la Russia con il Corpo d'Armata il 21 luglio.
In terra russa il Battaglione fu dislocato dapprima a Voroscilovgrad ed il 25 settembre 1942 ad Arkangelskoje, nella zona del Don. Sino a fine dicembre, i Guastatori furono impiegati nella realizzazione di ostacoli anticarro e nella rimozione di mine. Il fronte sul medio Don rischiava di cedere ed anche il XXX Battaglione mosse verso il fronte. Il 14 gennaio il Battaglione fu spostato a Rossosch, sede del Comando del Corpo d'Armata, minacciato da carri armati russi, dove ingaggiarono un feroce combattimento a colpi di mine antiquate e bottiglie incendiarie

contro i mostri meccanici sovietici. L'attacco fu così violento, che i russi ripiegarono, ma la città era ormai in gran parte in mano all'Armata Rossa. I Guastatori del XXX tennero salde le loro posizioni per tutta la giornata, subendo gravissime perdite, ma resistendo fino a sera quando, ultimo reparto italiano rimasto a combattere in città, ricette l'ordine di ripiegare su Nascialo. Il mattino successivo fu chiaro che il battaglione aveva perso 160 uomini fra morti e dispersi, oltra al proprio comandante, Maggiore Mazzuchelli.

La sera del 26 gennaio 1943 la tenaglia russa stritolò completamente il dispositivo difensivo italiano, intrappolando i militari italiani nella tristemente famosa sacca di Nikolajewka. Il giorno successivo un gruppo di Guastatori, comandato dal Tenente Palazzuolo, riuscì a sfilarsi dal gorgo di Nikolajewka. Dei 23 ufficiali, 30 sottufficiali e 427 militari di truppa, in organico al 1° gennaio 1943, sopravvissero solamente 121 uomini. Il XXX Battaglione Guastatori risultò sciolto a seguito degli eventi bellici. Innumerevoli erano stati gli episodi di eroismo dei Guastatori nel corso di quella tragica campagna, in quell'inferno della natura e degli uomini. Oltre alle numerose ricompense al Valor Militare concesse ai singoli (molte purtroppo "alla memoria"), nel 1988 fu attribuita al XXX Battaglione la Medaglia d'Argento al Valor Militare per le vicende belliche del gennaio 1943 sul fronte russo.

XXXI Battaglione Guastatori

Il 18 aprile 1941 fu costituito a Castua in Croazia il XXXI Battaglione Guastatori con la 1ª, 2ª, 7ª ed 8ª Compagnia Guastatori. Le quattro Compagnie Guastatori costituite a Civitavecchia con i volontari del 1° Corso avevano operato inizialmente in varie località dell'Italia Settentrionale, prima di essere trasferite in Jugoslavia, dove registrarono le prime perdite. Rientrato a Torino nel mese di agosto, il 16 settembre 1941 il XXXI Battaglione fu inviato in Africa del Nord via mare, partendo da Taranto, a bordo del piroscafo "Vulcano". Il Battaglione fu assegnato al XXI Corpo d'Armata e fu dislocato ad El Adem in Marmarica, dove i Guastatori svolsero un'intensa attività addestrativa, in vista dell'impiego in prima linea. Il 18 novembre la 2^ e la 7^ Compagnia furono assegnate alla Divisione "Bologna" a sud-est di Tobruk, mentre la 1^ e l'8^ alla Divisione "Pavia". Il giorno successivo i britannici scatenarono una massiccia offensiva volta a spezzare l'assedio di Tobruk ed i Guastatori si trovano a dover adattarsi ad azioni di guerra ben diverse da quelle per cui erano stati addestrati, lottando contro i carri armati, impiegando le cariche esplosive. Dopo 10 giorni molte unità della "Bologna" cedettero e la 2^ e 7^ Compagnia Guastatori dovettero sostenere quasi da sole la pressione nemica. Il 7 dicembre il XXXI Battaglione, riunite tutte le quattro Compagnie, ancora efficienti nonostante le perdite subite, ripiegò a piedi ad Ain el Gazala, circa 60 km ad ovest di Tobruk. Nel maggio 1942 riprese l'offensiva italo-tedesca, ed il XXXI operò sul fronte a sud della piazzaforte di Tobruk, partecipando eroicamente all'attacco, neutralizzando tutti gli ostacoli difensivi predisposti dagli Inglesi, aprendo varchi nei campi minati e nei reticolati. Con operazioni ardite i Guastatori fecero esplodere postazioni in cemento armato, eliminando le ultime resistenze con il lancio ravvicinato di bombe a mano e con i micidiali dardi dei lanciafiamme: grazie anche a questo importante apporto all'azione dato dai Guastatori, il 21 giugno la piazzaforte di Tobruk cadde. A fine giugno 1942 il comando del XXI Battaglione Guastatori fu assunto dal Maggiore Paolo Caccia Dominioni e nel frattempo l'unità poté rimpinguare armi, equipaggiamenti e veicoli con l'ingente bottino catturato ai Britannici a

Tobruk. È proprio mentre le truppe italo – tedesche inseguono gli inglesi verso Marsa Matruh che nacque la celebre bandiera del XXXI Guastatori. Infatti, per consentire all'aviazione di riconoscere i veicoli britannici usati dagli Italiani, a tutti i reparti di terra venne dato ordine di adottare un contrassegno visibile sui propri veicoli. Con grande fantasia, i Guastatori del XXXI tolsero il verde ad una bandiera nazionale e ricoprirono il cofano di un proprio veicolo con questo drappo rosso e bianco. Il drappo, che fu poi arricchito dal gladio sovrapposto alla bomba fiammeggiante del brevetto dei Guastatori, fu innalzato dal XXXI ovunque sul campo di battaglia. Il 22 agosto furono assegnati al Battaglione i 72 superstiti del XXXII, distrutto in combattimento nel mese di luglio, portando con sé il proprio prezioso parco di autoveicoli. Il giorno 24 il Battaglione tornò in prima linea, con le Divisioni "Bologna" e "Trento". Per l'encomiabile ed eroico comportamento tenuto dai Guastatori durante tutto questo ciclo operativo al battaglione fu concessa la Medaglia di Bronzo al Valor Militare.

Era ormai chiaro che gli Inglesi sarebbero presto passati al contrattacco e pertanto il XXXI Battaglione passò il 16 ottobre 1942 alle dipendenze del X Corpo d'Armata, venendo impegnato massicciamente nella posa di vaste zone minate, circondate da gabbioni di filo spinato, denominate dai tedeschi "i giardini del diavolo" nella zona di El Alamein. Il 23 ottobre si scatenò il temuto attacco dell'8ª Armata Inglese, con uno sconvolgente fuoco di preparazione, sia d'artiglieria che aereo. Il Battaglione era a disposizione della Divisone "Folgore". Il 2 novembre, nonostante la caparbia ed ostinata resistenza delle unità italiane nel settore della "Folgore", il nemico sfondò le difese da nord ed iniziò l'accerchiamento. Nella notte giunse l'ordine di abbandonare lo schieramento ed il XXXI, con 13 autocarri sovraccarichi di materiali e di una parte degli uomini, iniziò la ritirata, dovendo abbandonare parte del materiale lungo il tragitto. Braccato da un gruppo di autoblindo inglesi, il XXXI Battaglione dovette abbandonare la pista e dirigersi verso Ovest, in pieno deserto, subendo più volte attacchi da parte dei britannici, ogni volta respinti con coraggio. Il Battaglione raggiunse Tobruk l'8 novembre, ma il ripiegamento continuò fino al 17 novembre, quando il battaglione si arrestò a Sidi el Azar. La forza del Battaglione era ormai ridotta a 321 unità, avendo perso perduto sul fronte di El Alamein 99 uomini e, nella ritirata altri 190 (caduti prigionieri); il Maggiore Caccia Dominioni[4], per motivi di salute, lasciò il comando al Capitano Piero Santini e rientrò in Italia.

Nel gennaio 1943 il XXXI Battaglione, ridotto a due sole Compagnie, partecipò alle operazioni in Tunisia e, nel mese di marzo, assegnato alle Divisioni "Pistoia" e "Spezia", combatté sul fronte del Mareth. Il 31 marzo il Battaglione, stremato da violenti e continui bombardamenti, ripiegò verso Nord. L'ultimo nucleo di poche decine di Guastatori superstiti fu sopraffatto ad Enfidaville, deponendo le armi il 13 maggio 1943, finendo a testa alta diciotto mesi di campagna.

---

[4] Il conte Paolo Caccia Dominioni di Sillavengo è famoso non solo per essere stato il comandante del XXXI Battaglione Guastatori del Genio nelle battaglie di El Alamein, ma anche per l'instancabile opera di pietà compiuta nel dopoguerra. Per oltre 12 anni, in maniera del tutto volontaria, si occupò dell'alta ed ardua missione di ricerca delle salme dei caduti di ogni Nazione, disperse tra le sabbie del deserto egiziano, conducendo personalmente le ricerche tra i campi minati ancora attivi. Grazie alla sua opera furono raccolte oltre 1500 salme italiane e più di 300 di altra nazionalità disperse nel deserto, oltre un altro migliaio rimaste senza nome. I poveri resti dei questi combattenti del deserto venivano identificate e restituite, con le prime, al ricordo, alla pietà ed all'affetto dei loro cari. Progettò e costruì il Sacrario Militare Italiano di El Alamein, al km 120 della strada litoranea che congiunge Alessandria con Marsa Matruh, a circa 14 km a ovest di El Alamein, tra il 1954 ed il 1958, a tramandarne le gesta ed il ricordo alle generazioni che seguiranno.

Oltre alle numerose ricompense al Valor Militare concesse ai singoli, al XXXI Battaglione Guastatori è stata conferita, dopo la Medaglia di Bronzo, una Medaglia d'Argento al Valor Militare per gli eventi del marzo-novembre 1942 in Africa Settentrionale.

XXXII Battaglione Guastatori

In Africa, la 3ª e la 4ª Compagnia, dopo inserite nel Battaglione Guastatori di Formazione, si trovarono coinvolte nell'offensiva contro Tobruk, arrivando sul fronte il 21 aprile 1941 ed entrando in linea già il 27. La 3ª Compagnia Guastatori fu assegnata alla Divisione "Ariete" e la 4ª Compagnia Guastatori alla Divisione "Brescia", destinate all'investimento della piazzaforte di Tobruk, che era stata munita con importanti opere campali e campi minati. A partire dal 30 aprile, gli attacchi contro la città continuarono per 15 giorni senza sosta, impegnando incessantemente i Guastatori delle due Compagnie, che ebbero 7 morti, 54 feriti e 34 dispersi. Lo sforzo offensivo italo-tedesco si infranse però contro i bastioni di Tobruk, rimasti saldamente in mani britanniche, ed i Guastatori furono inviati nelle retrovie per riordinarsi. L'evolversi della situazione portò alla formazione del terzo ed ultimo Battaglione Guastatori, il XXXII[5], a far data dal 15 agosto 1941. Il 27 agosto 1941, il Battaglione fu posto alle dipendenze del XXI Corpo d'Armata ed il 12 settembre messo in carico alla Divisione "Bologna", venendo posto a presidio di alcuni capisaldi nella zona di Tobruk, fino al 14 ottobre. Dopo un periodo di riposo, in risposta all'offensiva britannica in Marmarica, il XXXII si schierò nella zona di Bivio Mameli, con il compito di arrestare ogni tentativo d'infiltrazione di colonne motorizzate avversarie.

Il 23 gennaio il XXXII Battaglione partecipò alla riconquista di Bengasi entrandovi il 1° febbraio 1942. A metà maggio, il XXXII, riordinato e ridotto negli organici, tornò alle dirette dipendenze del XXI Corpo d'Armata, partecipando attivamente all'offensiva su Tobruk: alla testa delle unità di prima linea, i Guastatori si spinsero in ardite ricognizioni delle linee avversarie, raccogliendo preziose informazioni. Il 21 giugno il Battaglione entrò nella città insieme alla Divisione "Trento", facendo bottino di viveri e di automezzi.

Le forze italo-tedesche puntarono quindi verso Alessandria d'Egitto ed il XXXII, ormai completamente motorizzato grazie ai mezzi catturati a Tobruk, partecipò al travolgente inseguimento delle truppe inglesi in rotta. Il 1° luglio 1942 il XXXII Battaglione giunse con le avanguardie in zona di Sidi Abd Er Rahman ed il giorno successivo il XXXII partecipò all'attacco delle posizioni britanniche di El Alamein, venendo investito da una violenta reazione dell'artiglieria nemica, perdendo moltissimi uomini. Nella notte del 5 luglio 1942, un bombardiere britannico, colpito dalla contraerea, precipitò con tutto il suo carico di morte ed esplode a poche centinaia di metri dal Comando di Battaglione, provocando numerose vittime. L'offensiva nemica proseguì nei giorni seguenti e la notte del 16 luglio il fianco sinistro del Battaglione rimase scoperto, dopo che le posizioni del 7° Reggimento Bersaglieri erano state spazzate da un attacco britannico.

Alle prime luci dell'alba il XXXII Battaglione fu accerchiato da imponenti forze nemiche. La reazione dei Guastatori fu tanto forte quanto disperata e le armi automatiche dei carri armati inglesi falciarono i Guastatori. Il battaglione fu quasi completamente annientato. Il 1° agosto 1942 il XXXII Battaglione Guastatori "viene sciolto per eventi bellici". Il 22 agosto, i superstiti raggiunsero il XXXI Battaglione, venendo incorporati.

---

5 Talora indicato come XXXII Battaglione Guastatori d'Africa.

Oltre alle numerose ricompense individuali al Valor Militare concesse, di cui più di 40 "sul campo", al XXXII Battaglione fu conferita la Medaglia di Bronzo al Valor Militare per gli eventi bellici in Africa Settentrionale nel periodo dal gennaio 1941 al luglio 1942.

10ª Compagnia Guastatori "Santa Barbara"

Fu costituita a Viareggio nel giugno 1943 con Guastatori addestrati prima a Ronchi dei Legionari e, successivamente, presso la Compagnia Addestramento del 5° Reggimento Genio a Banne (TS). Fu inviata all'Isola d'Elba e sottoposta a speciale addestramento in vista di essere impiegata in una possibile operazione di sbarco a Malta o in Corsica. Fu dunque a Piombino e, dopo qualche giorno, a Livorno, dove fu impiegata nello stendimento di reticolati a difesa della piazzaforte marittima della città. L'armistizio dell'8 Settembre 1943 pose fine alla breve esistenza della 10ª Compagnia Guastatori "Santa Barbara".

11ª Compagnia Guastatori

Nell'aprile 1943 un contingente di 181 Guastatori, brevettati dal 4° Corso della Compagnia Addestramento del 5° Reggimento Genio di Banne fu inviato in Sicilia, per raggiungere il XXXI battaglione sul fronte tunisino. La Compagnia era comandata dal Capitano Longoni e tra gli ufficiali vi era il Sottotenente Giorgio De Sanctis, brevettato dallo stesso 4° corso. Con la resa delle forze dell'Asse in Tunisia, lo Stato Maggiore dispose che i Guastatori, che si trovavano dislocati a Gibellina (TP), andassero a formare un'unità organica, posta alle dipendenze della VI Armata della Sicilia. L'11ª Compagnia venne trasferita a Prizzi (PA) a fine di giugno, con lo scopo di contenere un possibile sbarco degli Alleati. La notte del 9 luglio effettivamente gli Anglo – Americani sbarcarono in Sicilia ed il giorno 12 la Compagnia fu trasferita ad Enna. Nel corso della notte un massiccio attacco aereo anglo-americano investì la zona e l'11ª Compagnia perse parecchi effettivi e tutti i mezzi ed i materiali in dotazione. Il reparto viene sciolto e ai pochi superstiti fu ordinato di rientrare a gruppi al Reggimento a Banne dove, nei giorni successivi all'Armistizio, buona parte dei Guastatori fu catturata e deportata in Germani. Solo uno sparuto gruppo riuscì a sfuggire, tra cui il Sottotenente De Sanctis[6].

30ª Compagnia Guastatori Alpini

Fu costituita a Brunico (BZ) nell'agosto del 1942 per fornire complementi al XXX Battaglione Guastatori, partito a fine luglio per la Russia, inquadrando una decina di Guastatori della 9ª Compagnia "Valanga", reduci del fronte Greco - Albanese e nuovi volontari. Questi ultimi furono sottoposti all'addestramento tipico della specialità, che completarono a Banne, per conseguire il brevetto da Guastatore. A fine anno la Compagnia era pronta per raggiungere il XXX Battaglione in Russia, che però, nel frattempo, era stato completamente annientato nei combattimenti di Rossosch e nella successiva ritirata. Nel febbraio successivo la Compagnia fu perciò inviata a Gorizia, dove operò contro i partigiani slavi, che stavano intensificando la loro attività con azioni terroristiche contro le Forze Armate, contro i civili e contro le linee di comunicazione. Alla fine del mese di aprile la Compagnia rientrò al 5° Reggimento Genio, dove fu successivamente sciolta, essendo venuto meno lo scopo per cui era stata costituita.

---

6 Le vicende di questo reparto saranno trattate approfonditamente nei prossimi capitoli, grazie alle testimonianze dirette del Tenente De Sanctis.

30ª Compagnia Guastatori Alpini Bis

In seno al 5° Reggimento Genio fu costituita nell'aprile 1943 a Banne, con parte della 30ª Compagnia Guastatori Alpini, con veterani dei Battaglioni Guastatori disciolti per eventi bellici e con neo brevettati; affluirono anche Guastatori rientrati dagli ospedali e dalle convalescenze. Nella primavera del 1943, con una forza di 15 ufficiali e 180 Guastatori, la 30ª Bis fu dislocata a Volzana d'Isonzo per operare contro le bande di partigiani slavi, alle dipendenze della III Brigata Alpina, in una zona di operazione del tutto insicura. La 30ª Compagnia Bis rimase nell'area fino al 31 luglio 1943, quando fu sciolta per essere incorporata nel XXXI Battaglione Guastatori Alpini di Asiago.

XXXI Battaglione Guastatori Alpini

Nel maggio 1943 lo Stato Maggiore dell'Esercito considerò l'eventualità di sopprimere la Specialità dei Guastatori, in seguito al quasi totale annientamento dei reparti Guastatori. I Guastatori superstiti dalla Russia e dall'Africa si rivolsero però alla carismatica figura del Maggiore Paolo Caccia Dominioni, il quale, colpito da tanto entusiasmo, si attivò per ottenere dallo S.M.E. l'autorizzazione a costituire un nuovo reparto di Guastatori Alpini. Il Maggiore Caccia Dominioni si prodigò a ricercare i volontari per un nuovo corso Guastatori presso tutti i reparti del Genio, riuscendo a concentrare a Banne, sede del 5° Reggimento Genio, oltre 3.000 aspiranti volontari. Tra marzo e luglio furono brevettati un migliaio di Guastatori ed il 1° agosto 1943 fu disposta la costituzione del nuovo XXXI Battaglione Guastatori Alpini, con ad Asiago, alle dipendenze del 5° Reggimento Genio, con una forza totale di 1.153 uomini al comandando dal Maggiore Caccia Dominioni. Il Maggiore fu colto dall'Armistizio a Trieste, mentre era in viaggio verso a Roma, per perorare la causa dell'urgente assegnazione delle armi e dei materiali ancora mancanti al XXXI Battaglione, dietro ordine del Comando del Reggimento. Ad Asiago il Battaglione rimase disciplinato e compatto, ma, a corto di viveri e privo di ordini, il 13 settembre, fu indetto un referendum generale tra i Guastatori e fu deciso lo scioglimento con libertà d'azione.

VIII Battaglione Guastatori Paracadutisti

Nei primi mesi del 1941 a Tarquinia (VT), presso la locale Scuola Paracadutisti fu costituito l'VIII Battaglione Guastatori Paracadutisti, organizzato su:
• Compagnia Comando
• 22ª Compagnia Guastatori Paracadutisti
• 23ª Compagnia Guastatori Paracadutisti
• 24ª Compagnia Guastatori Paracadutisti

Il Battaglione fu assegnato inizialmente al 3° Reggimento Paracadutisti, che confluì nella I Divisione Paracadutisti il 1° settembre 1941. Nel giugno 1942 la Divisione, che aveva assunto il glorioso nome di "Folgore", fu inviata in Nordafrica e l'VIII Battaglione[7] formò il Raggruppamento Tattico "Ruspoli" con il VII Battaglione. Il Battaglione Guastatori Paracadutisti combatté fino alla battaglia di El Alamein, al termine della quale si ritirò ordinatamente in posizione di avanguardia della colonna dei paracadutisti superstiti.

---

[7] La 23ª Compagnia era rimasta in Patria con della Divisione per addestrare la seconda Divisione Paracadutisti in formazione, che sarebbe stata chiamata "Nembo".

▲ Il conte Paolo Caccia Dominioni di Sillavengo, già volontario nella Grande Guerra (suo il disegno del distintivo dei reparti Lanciafiamme), comandò il XXXI Battaglione Genio Guastatori durante la battaglia di El Alamein, diventando quasi una figura epica. Nel dopoguerra si dedicò alla pietosa quanto pericolosa opera di recuperare i combattenti della grande battaglia tra le sabbie egiziane per quasi 14 anni.

DOPO L'ARMISTIZIO NEL "REGNO DEL SUD"

L'Armistizio colse come un torrente in piena i reparti di Guastatori in tutte le località dove erano dislocati. Molti militari si sbandarono, alcuni cercarono di ricongiungersi con le unità del Regio Esercito, che si stavano in qualche modo concentrando ricompattando nel sud Italia. L'unico reparto che rimase compatto fu il CLXXXIV Battaglione Guastatori Paracadutisti della 184ª Divisione Paracadutisti "Nembo", della quale seguì le vicende. Con la riorganizzazione delle forze Regie dapprima nel primo Raggruppamento Motorizzato ed in un secondo tempo nel Corpo Italiano di Liberazione, non si costituirono unità organiche di Guastatori, ad eccezione del già citato CLXXXIV Battaglione Guastatori Paracadutisti, rimasto in armi, e dell'870° Nucleo Speciale Guastatori Genio, costituito a Manduria, all'inizio del 1944 e che fu aggregato alla V Armata Americana[8]. Le Forze Armate cobelligeranti subirono un'ulteriore riorganizzazione nel mese di settembre, che portò alla formazione dei Gruppi di Combattimento. L'870° Nucleo Speciale Guastatori Genio fu successivamente assegnato al Gruppo di Combattimento "Friuli", mentre il CLXXXIV Battaglione, divenuto Battaglione Misto Genio, confluì nel Gruppo di Combattimento "Folgore".

CLXXXIV Battaglione Guastatori Paracadutisti

Costituito sul finire del 1942 per la 184ª Divisione "Nembo" (184^), era stato schierato a difesa della Sardegna. Superato lo sbandamento seguito all'Armistizio, il Battaglione fece rientro sul continente e seguì le sorti della Divisione "Nembo", inquadrata nel Corpo Italiano di Liberazione. Nel settembre 1944 si fuse con i resti dei Battaglioni fucilieri della Divisione, dando vita al Reggimento Paracadutisti "Nembo" del Gruppo di Combattimento "Folgore". Il 24 settembre 1944 fu costituito il CLXXXIV Battaglione Misto Genio del Gruppo di Combattimento "Folgore", utilizzando la 184ª Compagnia Artieri e la 184ª Compagnia Radiotelegrafisti della Divisione "Nembo", oltre ad altre unità non paracadutiste; entrò in linea contro i Tedeschi il 1° marzo 1945 nella zona tra il Senio e il Santerno. Il CLXXXIV Battaglione Misto Genio "Folgore" fu decorato con Medaglia di Bronzo al Valor Militare, per il comportamento negli scontri di Grizzano dell'aprile 1945.

---

[8] Le vicende di questo reparto saranno trattate approfonditamente nei prossimi capitoli, grazie alle testimonianze dirette del Tenente De Sanctis.

▲ Serie di cartoline disegnate da Caccia Dominioni dedicata ai Battaglioni Guastatori del Regio Esercito.

31° BATTAGLIONE GVASTATORI D'AFRICA, POI DEL GENIO ALPINO

AL LABARO VNA MEDAGLIA D'ARGENTO E VNA DI BRONZO
Fedele al nome antico, irruppe primo in TOBRVK riconquistata il 20.6.1942 – Combatté in Jugoslavia, Marmarica, Sirtica, Alamein, Tunisia e Isonzo con 129 Caduti, 237 Feriti, 507 Dispersi e prigionieri (1941-43), e oltre 50 Morti e Feriti negli eventi 1943-45, nella bonifica dei campi minati (1946-47), e nella Missione per i Caduti del Deserto (Alamein 1948-62) – 2 Medaglie d'Oro, 32 d'Argento, 37 di Bronzo, 81 Croci o altre ricompense individuali al valore guerriero ~

▼ Fregio da bustina del Genio per ufficiale del 3° Reggimento Genieri in filo di canutiglia dorata. Al centro del tondino il numero del Reggimento di appartenenza.

▲ Guastatore armato di lanciafiamme all'attacco di una posizione britannica in Marmarica nell'autunno 1941.

▼ Un altro Guastatore avanza strisciando verso la postazione inglese: in mano una pistola lanciarazzi di segnalazione.

▲ Cerimonia nell'autunno 1941 della consegna delle ricompense al Valore ai Guastatori del 32° Battaglione Genio Guastatori. Sul braccio dei due Tenenti a sinistra si nota il brevetto della Specialità.

▼ Fotografia, chiaramente posata a beneficio della propaganda, di Guastatori all'assalto con mine in Russia.

DOPO L'ARMISTIZIO CON LA REPUBBLICA SOCIALE ITALIANA

Una parte dei Guastatori aderì alla Repubblica Sociale Italiana, venendo distribuito sui ricostituiti Battaglioni del Genio e pochissimi furono i reparti costituiti interamente da Guastatori. In particolare, presso l'Arma del Genio dell'Esercito Nazione Repubblicano furono organizzati il I Battaglione Guastatori del Genio, il II Battaglione Guastatori del Genio ed il I Battaglione Guastatori del Genio "Perugia"[9], mentre, caso veramente particolare, la Decima MAS, reparto a tutti gli effetti di Marina, ebbe un reparto di Guastatori Alpini, il Battaglione Guastatori Alpini "Valanga".

I Battaglione Guastatori del Genio[10]

Fu costituito ad Alessandria nel novembre 1943 e prestò giuramento alla R.S.I. il 20 gennaio 1944. Al comando del Tenente Colonnello Luigi Berni, era organizzato su:
- Comando
- Compagnia Comando
- 1ª Compagnia
- 2ª Compagnia
- 3ª Compagnia

Nel mese di marzo la Compagnia Comando e la 1ª Compagnia furono dislocate a Genova, assumendo la denominazione di Festung Batalion n.905, mentre la 2ª e la 3ª Compagnia furono rese autonome e dislocate rispettivamente a Gorizia ed a Massa Carrara, dove rimasero fino al termine del conflitto

II Battaglione Guastatori del Genio[11]

Si costituì a Novi Ligure il 14 dicembre 1943 ad opera di ufficiali del Genio del disciolto Regio Esercito e della Regia Marina. Aveva un organico di 28 ufficiali, 42 sottufficiali e 560 Guastatori ed era organizzato su:
- Comando
- Compagnia Comando
- 1ª Compagnia
- 2ª Compagnia
- 3ª Compagnia

---

9 Alcune fonti indicano una diversa denominazione dei reparti Guastatori della R.S.I. al gennaio 1945:
- 1° Battaglione Guastatori - Festung Batalion 905
- 2° Battaglione Guastatori "Perugia" - Bau Batalion
- 3° Battaglione Guastatori - Bau Pionier Batalion

10 Per un periodo il Battaglione assunse la denominazione di Battaglione Guastatori Italiani n°1.

11 Nel corso della sua vita operativa, il Battaglione assunse diverse denominazioni:
- I Battaglione Guastatori del Genio;
- Battaglione Guastatori Italiani n°2;
- II Battaglione Pionieri;
- II Battaglione Pionieri "Nettuno".

Presso il Battaglione fu distaccato un ufficiale di collegamento tedesco, con una squadra di 7 graduati germanici, che si sarebbe occupato dell'addestramento del personale del reparto. Il 14 gennaio 1944 il Battaglione fu trasferito via ferrovia a Polesella (RO), dove iniziò l'addestramento e prestò giuramento il 21 gennaio. Terminata la formazione, il reparto fu inviato a Montesilvano Montana (PE) il 19 febbraio e quindi a L'Aquila il 7 marzo assumendo la denominazione di II Battaglione Pionieri. Il Battaglione fu quindi impiegato nella costruzione di postazioni difensive e di rifugi antiaerei lungo la ferrovia Roma - Terni. A fine marzo il Battaglione fu destinato alla seconda line del fronte di Nettuno, dove realizzò opere campali di difesa statica ed il 27 maggio, a seguito della rottura del fronte, iniziò a ripiegare al nord. Dopo avere subito un disastroso attacco aereo, che aveva provocato numerosi morti tra i Guastatori, il Battaglione si sciolse a Rieti il 30 maggio ed i superstiti raggiunsero Alessandria, dove il reparto fu ricostituito. Dopo vari spostamenti, il Battaglione si stabilì a a Somma Lombardo (VA), dove fu impiegato esclusivamente nella costruzione di due ponti sul fiume Ticino. Al termine delle ostilità il Battaglione si sciolse ed i Guastatori furono aiutati dalla popolazione locale a fare ritorno alle proprie abitazioni.

Il primo comandante del Battaglione fu il Capitano Corradini, a cui seguì il Capitano Gaetano Giorelli, il Maggiore Vittorio Rodriguez ed infine il Capitano Antonio Gregoretti.

I Battaglione Guastatori del Genio "Perugia"

Fu costituito a Perugia nel febbraio 1944 ed era organizzato su:
- Comando
- Nucleo Comando
- 1ª Compagnia Guastatori
- 2ª Compagnia Guastatori
- 3ª Compagnia Guastatori
- 4ª Compagnia Guastatori

Il reparto era alloggiato presso la Caserma "San Francesco", era comandato dal Maggiore Ignazio Lolli ed aveva un organico di 18 ufficiali e 1.150 Guastatori; per disposizione del Comando di Piazza il Battaglione ricevette armi sufficienti per armare solamente il personale comandato alla guardia ed al picchetto.

Nel mese di aprile il reparto operò per riattare la ferrovia Terontola - Perugia - Foligno, danneggiata dai bombardamenti Anglo - Americani. Durante i lavori di ripristino una Compagnia fu distaccata d'urgenza a Santa Maria degli Angeli, dove un convoglio ferroviario carico di munizioni era in fiamme; i Guastatori, impegnati come personale antincendio, riuscirono nonostante il pericolo a domare le fiamme, limitando i danni ed evitando una catastrofe, che avrebbe coinvolto anche la popolazione civile.

Nel mese di maggio il Battaglione, privo di quadri ufficiali, fu avviato a sud sul fronte di Cassino, dove i Guastatori furono suddivisi in Centurie di Lavoro. Impiegati nella realizzazione di opere di fortificazione, i militari del reparto caddero a centinaia, falciati dal fuoco degli Alleati, mentre compivano la loro umile opera.

Battaglione Guastatori Alpini "Valanga"

Dopo l'armistizio, a Pavia, il Colonnello Guastatore Mario Ferrari raccolse presso la Caserma "Umberto I" i Guastatori che intendevano proseguire la lotta contro gli Alleati: reduci del fronte russo del XXX Battaglione, militari del XXXI e XXXII d'Africa Settentrionale, Alpini XXXI Battaglione Guastatori Alpini ed anche alcuni giovani, che si presentarono spontaneamente. Fu così costituito un nuovo Battaglione, che assunse il nome "Valanga" a ricordo della 9ª Compagnia, che aveva combattuto sul fronte greco ed in Russia. Per le reclute viene subito organizzato l'addestramento, seguendo le norme elaborate anni prima dal Colonnello Steiner per i Guastatori del Genio, fu organizzato l'addestramento per le reclute, mentre i veterani recuperarono armi, materiali e vestiario.

Il Capitano Morelli, che aveva assunto il comando del "Valanga", prese contatto con Junio Valerio Borghese, proponendogli che il suo reparto venisse incorporato nella X MAS da lui comandata. Nell'aprile 1944, il "Valanga" (a cui venne assegnato il nome del glorioso cacciatorpediniere "Tarigo") entrò così a far parte dell'unità di Borghese e, dopo una breve sosta a La Spezia, fu trasferito al Lido di Jesolo, in funzione anti-sbarco e di posa di campi minati. L'intensificarsi dell'attività dei partigiani e di formazioni straniere portò però all'impiego del Battaglione nella lotta antiguerriglia in Piemonte, in collaborazione con gli altri reparti di terra della Decima.

Il Battaglione, i cui veterani non avevano mai accettato di rinunciare al cappello ed alla penna da Alpino, chiese ed ottenne di riprendere ufficialmente la sua denominazione di Battaglione Guastatori Alpini "Valanga", come riconoscimento per il suo comportamento in azioni antiguerriglia condotte con successo sulle montagne del confine occidentale. Nell'ottobre 1944 venne trasferito a Vittorio Veneto, operando poi sia in Veneto che nella Venezia Giulia, contro le formazioni partigiane del IX Corpus dell'esercito iugoslavo. Trasferito per seguire un periodo di addestramento, la fine delle ostilità colse il "Valanga" a Bassano del Grappa, dove si sciolse il 29 aprile 1945.

▲ Guastatori della 3ª Compagnia del I Battaglione Guastatori del Genio della Repubblica Sociale Italiana in sosta ai margini di una strada in provincia di Lucca nell'agosto 1944 (Pisanò).

▼ Un gruppo di militari della 2ª Compagnia del I Battaglione Guastatori sul fronte giuliano. La Compagnia era stata resa autonoma dal Battaglione ed inviata a Gorizia nel marzo 1944 (Pisanò).

▲ Due Guastatori della 3ª Compagnia del I Battaglione Guastatori del Genio a Pietrasanta (LU) nell'agosto 1944 (Pisanò).

▲ Ufficiali del Battaglione Guastatori Alpini "Valanga" della X MAS: indossano il classico cappello alpino (Arena).

▼ Due Guastatori del "Valanga" equipaggiati con lanciafiamme. Sul lato destro dell'elmetto è dipinto il simbolo del brevetto della specialità (Arena).

GIORGIO DE SANCTIS: LA PIÙ GIOVANE MEDAGLIA D'ORO DELLA SECONDA GUERRA MONDIALE

Giorgio De Sanctis è stato il più giovane decorato di Medaglia d'Oro al Valor Militare d'Italia, conseguita tra l'altro da vivente. Nel corso della Seconda Guerra Mondiale fu un combattente eroico, quasi da leggenda, un esempio di una professionalità e di un eroismo tale da essere un paradigma del valore del soldato italiano.

Nacque il 17 dicembre 1921 a Guglionesi (CB) in una famiglia di patrioti molisani, che avevano partecipato attivamente ai moti Risorgimentali. Il padre, il dottor Giorgio, morì esattamente 20 giorni prima della nascita del figlio, lasciandolo di fatto orfano di guerra. Il padre infatti, aveva combattuto nella Grande Guerra, come Ufficiale Medico nel 3° Reggimento Alpini, contraendo una malattia, che gli fu fatale, durante il servizio di prima linea. La madre, Ines Ribechi, a cui è stata dedicata la scuola media del paese, lo allevò insegnandoli i valori della Patria.

Sin da ragazzo dimostrò una vivace intelligenza, spiccato senso del dovere, interesse per la storia ed una particolare propensione per lo sport. Dopo avere conseguito la maturità classica, Giorgio De Sanctis il 1° novembre 1940 entrò nell'Accademia Militare di Artiglieria e Genio di Torino, dove conseguì la nomina a Sottotenente in Servizio Permanente Effettivo dell'Arma del Genio nel febbraio del 1942, venendo assegnato alla 20ª Compagnia Teleradio della Divisione "Friuli". Avendo mostrato desiderio di essere assegnato a truppe d'assalto, nel mese di luglio chiese ed ottenne di poter frequentare il corso per il conseguimento del brevetto da Guastatore a Banne (TS), presso il 5° Reggimento Genio. Terminato l'addestramento (4° Corso della Compagnia Addestramento), fu assegnato all'11ª Compagnia Guastatori, inserita nella VI Armata, venendo trasferito con il suo reparto in Sicilia nell'aprile 1943.

Esperienza di guerra in Sicilia

Per la ricostruzione di questo periodo ci affidiamo direttamente alle parole dell'allora Sottotenente De Sanctis[12]:

"Il 1° maggio 1943 partivano da Trieste 4 ufficiali e 280 uomini di truppa tutti della specialità Guastatori, diretti in Africa Settentrionale per rinsanguare le file del XXXI° Guastatori del Genio che tra i fortini di Tobruk e di El Alamein aveva subito gravissime perdite.

Non si trattava di un reparto organico, ma di "complementi" tratti frettolosamente in soli due giorni per ordine dello S.M.R.E. da diverse Compagnie e cioè la 31ª Comp. Guastatori di Brunico, la Comp. Add. Guast. di Banne, la 3ª e la 4ª Comp. Guast. di Poggioreale.

Il 5° Regg. Genio, centro di mobilitazione, non volle provvedere nemmeno a fornire gli uomini detti di equipaggiamento idoneo. Essi infatti dovettero partire con la divisa per metà grigio-verde da alpino e per metà da geniere normale, senza un solo paio di scarpe di ricambio e con il solo moschetto e due pacchetti di caricatori.

---

12 Tenente De Sanctis Giorgio, "Relazione della 11ª Comp. Guastatori alle operazioni svoltesi sul fronte di Sicilia e di Calabria nell'estate 1943". Le abbreviazioni ed i maiuscoli sono così nel testo originale e si è ritenuto opportuno non modificarli.

I 4 ufficiali erano:
Il cap. LONGONI VITTORIO, il Ten. FARAGGIANA CARLO, il Sott. Ten. DE SANCTIS GIORGIO, il Sott. Ten. ONORATI MARINO.

Gli uomini giunsero a Catania per essere inoltrati a mezzo di aviotrasporti in Tunisia; senonché proprio in quei giorni le nostre truppe africane cessavano la sanguinosa ed ormai inutile resistenza arrendendosi ad un nemico la cui superiorità numerica e di mezzi si era dimostrata schiacciante sin dall'inizio del ripiegamento italiano.

I Guastatori detti rimasero a Catania in attesa di ordini da parte del Ministero della Guerra. Finalmente con circolare dell'Ispettorato Genio il reparto fu trasformato in 11ª Comp. Guastatori del Genio alle dirette dipendenze del XII° Corpo d'Armata e destinata alla difesa mobile della Sicilia.

La 11ª Comp. Guastatori del Genio iniziò la sua vita trasferendosi a PRIZZI (Palermo) e poi, per ragioni di carattere strategico, nei pressi di CASTELVETRANO in prossimità della costa sud – occidentale dove lo S.M. riteneva più probabile un tentativo di sbarco alleato.

La Compagnia, in attesa di ricevere il normale equipaggiamento di vestiario, armamento e mezzi di trasporto, eseguì un intenso addestramento di specialità; in particolare, in collaborazione con Arditi e Bersaglieri furono svolti rischiosi corsi di caccia – carri, addestramento questo in alcuni elementi del nostro reparto acquistarono particolare perizia.

Lo sbarco anglo – americano dell'8 luglio sorprese il reparto ancora nelle precarie condizioni dette sopra di assoluta mancanza di mezzi. Invece l'affiatamento, la tempra fisica e morale degli uomini erano state portate a un livello soddisfacente.

La notte tra il 10 e 11 luglio la Compagnia riceveva l'ordine di spostarsi sul fronte centrale alle dirette dipendenze del comando 6ª Armata nei pressi di CALTANISSETTA dove già il nemico minacciava di puntare sia con gli elementi motocorazzati avanzati, sia con grossi contingenti paracadutisti.

All'alba dell'11 luglio il reparto, dopo aver ricevuto alcune casse di bombe a mano, altre di caricatori da moschetto, altre ancora di esplosivo, ed i viveri a secco per una giornata prendeva posto su automezzi dell'Autocentro di Salemi per dirigersi verso ENNA.

Il trasferimento, per guadagnar tempo, fu effettuato di giorno e l'autocolonna fu ben tre volte attaccata da caccia - bombardieri alleati del tipo "Mosquitos" mentre percorreva la S.S. nr.21.

Durante uno dei tanti attacchi, subito nei pressi di Santa Caterina Villarmosa, alcuni spezzoni centrarono e incendiarono uno degli autocarri su cui fortunatamente non vi erano esplosivi e da cui gli uomini erano già saltati giù.

Purtroppo però uno degli spezzoni, esploso ai margini della strada, rescisse di netto la testa ad un autista ferendo gravemente 5 guastatori.

Le vittime furono passate in consegna ad un cappellano militare di un reparto Bersaglieri accampato nelle vicinanze.

Si deve poi in parte al caso e in parte alla perizia degli autisti se durante gli altri due attacchi non si ebbero a lamentare né vite umane, né danni agli automezzi.

La sera del 14 luglio, alle ore 20,30, l'autocolonna giungeva ad ENNA e per ordine del Comando d'Armata si accampava nei pressi del Cimitero.

I Guastatori, stanchissimi per la notte precedente insonne e per il viaggio quanto mai travagliato, si sdraiarono alla meglio su uno spazio di terreno dove da poco era stato tagliato il grano e quindi cosparso di paglia secca che servì appunto da giaciglio di fortuna.

Gli autocarri, i fusti di nafta e l'esplosivo vennero sistemati sotto un oliveto nella zona retrostante suddivisi e distanziati uno dall'altro.

Purtroppo il riposo fu di breve durata.

Alle ore 22 circa una consistente formazione aerea di apparecchi alleati del tipo a doppia coda (De Havilland) attaccava improvvisamente il piccolo accampamento con una serie ininterrotta di picchiate e di successive precise e micidiali azioni di spezzonamento e mitragliamento.

Il risultato dell'attacco fu letteralmente spaventoso.

I Guastatori sorpresi nel sonno, si appiattirono al suolo in ogni lieve piega del terreno, in ogni buca, disperatamente aggrappati ad un qualsiasi appiglio che potesse dar loro una vaga idea di riparo.

Il terrificante carosello a bassissima quota, data l'inesistenza assoluta della reazione contraerea, sotto l'intenso bagliore dei razzi illuminanti che avevano rischiarato a giorno il campo, seguitò per ben tre ore consecutive a più riprese, a breve distanza una d'altra seminando ovunque la distruzione e la morte.

Tre lunghe ore che forse il lettore non saprà immaginare, ma che certamente in chi le ha vissute hanno lasciato un indelebile raccapricciante ricordo.

Una così eccezionalmente lunga durata dell'attacco aereo si può unicamente giustificare dai notevoli, visibili risultati conseguiti dai piloti nemici.

Infatti, durante uno dei primi attacchi, fu colpito uno dei depositi di munizioni, che, colla sua formidabile esplosione, provocò la strage di numerosi uomini posti nelle vicinanze.

Poco dopo, forse anche a seguito dell'esplosione suddetta si appiccò improvviso e violentissimo il fuoco ai fusti di nafta, che uno ad uno si squarciarono, spandendo sul terreno il liquido ardente. Si formò così in breve tempo una cortina di fuoco nella zona di accesso al campo che trasformò in torce ardenti anche gli arbusti vicini.

Gli apparecchi quindi, completamente indisturbati, prendevano di mira gli autocarri che distruggevano uno ad uno incendiandoli.

A questo punto è opportuno fare alcune precisazioni sulla particolare dislocazione dell'accampamento, fatto disporre, per ordini superiori, su di un ristretto sperone roccioso e scarsamente coperto, a pianta approssimativamente rettangolare, lungo solo alcune centinaia di metri e le cui pareti di contorno cadevano a picco per circa una trentina di metri sul terreno sottostante.

L'accesso a tale sperone era costituito da una lingua di terra coperta ad uliveto, dove appunto erano state sistemate sia le macchine che le munizioni.

La posizione non poteva quindi essere stata scelta più infelice.

Una specie di trappola con una sola via di uscita che poi, con il successivo incendio della nafta e degli autocarri, rimase definitivamente preclusa.

Successe infatti che alcuni uomini, persa la calma, correndo all'impazzata in cerca di riparo, caddero nel precipizio circostante sfracellandosi sulle rocce.

Eppure anche in sì terrificanti frangenti vi fu chi, assolutamente sprezzante dell'estremo rischio che correva, seppe dar prova di un eccezionale coraggio e sangue freddo.

Il caso che più profondamente ha destato impressione è stato quello di un guastatore che, al mattino dopo, fu trovato completamente carbonizzato, impigliato sui rami di un albero anch'esso bruciato con il fucile mitragliatore ancora rabbiosamente impugnato e puntato verso l'alto. Nel vano, disperato, forse pazzo tentativo di colpire gli aerei che si avventavano contro di noi egli era stato prima fulminato dal piombo nemico e successivamente arso dalle fiamme che si erano appiccate all'albero su cui si era arrampicato.

Di notevole interesse la rischiosa azione svolta dal sergente Pellegrini Lucio, dal caporale maggiore Dezolt Carlo e dal guastatore Businelli sotto guida di due ufficiali che, approfittando di un momento di sosta durante il bombardamento, spostarono in un'anfrattuosità del terreno una parte di esplosivo in modo da diminuire i rischi di una nuova pericolosa esplosione.

Alcuni guastatori poi, oltre a quelli sopracitati, e gli ufficiali in generale, si prodigarono a portare aiuto, ancora perdurando il bombardamento, più che altro morale, data l'assoluta mancanza di medicinali, ai feriti che più si lamentavano.

Molti poi dei guastatori che rimasero incolumi lo dovettero, oltre che alla fortuna, al proprio sangue freddo, perché portatisi sul ciglio delle pareti rocciose, si calarono lungo di esse attaccandosi negli appigli naturali, e ivi rimasero aggrappati, il più possibile aderenti alla roccia, fino alla cessazione del bombardamento.

Era l'una di notte quando, spentisi i razzi sull'obiettivo, si iniziò la penosa opera di soccorso, mentre parte degli uomini illesi cercavano di spegnere o almeno di circoscrivere gli incendi.

Da una prima indagine i morti risultarono 14. Alcuni di essi non fu neppure possibile identificarli o perché carbonizzati nell'incendio o perché letteralmente fatti a pezzi dalle esplosioni; 31 furono i feriti, più o meno gravi, trasportati su barelle improvvisate, all'Ospedale civile di Enna, che già rigurgitava di civili, vittime del massiccio bombardamento alleato effettuato sulla città il pomeriggio precedente.

La situazione dei guastatori feriti divenne tragica per l'assoluta mancanza di bende e di disinfettanti. Due di essi infatti, Carratù e Funaro, morirono dissanguati. Alcuni dei guastatori poi, fortemente scossi dai fatti brevemente descritti, in preda a violentissimo schoc nervoso, furono anch'essi ricoverati provvisoriamente presso l'Ospedale di Enna.

Quasi tutto il poco materiale del Reparto andò distrutto e anche molti degli oggetti di corredo dei militari restarono carbonizzati a causa degli incendi appiccati alla paglia e agli arbusti.

Al mattino seguente i superstiti del bombardamento si riunirono per fare un bilancio delle vittime. Risposero all'appello 193 uomini in condizione di potersi rimettere in viaggi; tra questi anzi alcuni feriti leggeri.

Il mattino e il pomeriggio furono impiegati per comporre i morti e ricuperare i pochi materiali ancora utilizzabili.

Il Reparto si veniva così a trovare in condizioni assolutamente penose ed insostenibili.

Tra l'altro durante la notte sia il Comando d'Armata che gli altri Reparti avevano lasciato in tutta fretta Enna nella direzione di Randazzo senza lasciare per noi nessun ordine.

I guastatori si dovettero quindi "arrangiare per racimolare tra i civili qualche cosa per mangiare e poi, raccolte le poche robe rimaste, ripiegarono in direzione est seguendo da prima la S.S. nr. 121.

E' qui opportuno ricordare che tale ripiegamento fu effettuato in condizioni particolarmente difficili. Gli uomini, fortemente scossi dal micidiale bombardamento, erano per di più quasi tutti ridotti senza scarpe e camminavano con i piedi avvolti nelle fasce o in stracci fattisi dare di civili che era dato qualche volta incontrare.

Anche per quanto riguarda i viveri ci si dovette "arrangiare" poiché nulla era possibile prelevare dai magazzini militari che erano già stati o frettolosamente spostati verso il nord oppure abbandonati e quindi saccheggiati dalla popolazione civile.

Un triste particolare di questo trasferimento fu un attacco aereo a bassa quota effettuato da apparecchi portanti ancora sotto le ali i contrassegni tedeschi appena cancellati.

Si seppe in seguito come spiegare questo proditorio attacco, che sorprendendo in pieno gli uomini, provocò purtroppo un morto e tre feriti.

Precisamente l'aeroporto tedesco di Comiso era stato preso quasi intatto da truppe paracadutiste alleate, in parte lanciate isolatamente e in parte calate da alianti, e alcuni apparecchi tedeschi rimasti efficienti, in completo contrasto con le leggi internazionali di guerra, furono impiegati senza neppure la sostituzione dei contrassegni, in azioni contro di noi.

E' anche opportuno ricordare che fin dall'inizio dello sbarco, sulla linea di combattimento non si vide più un solo nostro apparecchio ma furono solo effettuate delle rare azioni di bombardamento sui porti di sbarco.

A Regalbuto il nostro reparto riprese il contatto con elementi retrostanti del Corpo d'Armata.

Tramite questi si ebbe ordine di spostarsi prima a Troina poi a Cesarò ed infine nei pressi di Randazzo, dove appunto si era sistemato il Comando della 6ª Armata, sull'autotreno dello S.M.R.E.

Giunto a Randazzo il Reparto fu alla meglio riequipaggiato di vestiario ed armamento; armamento che consistette, oltre che nel fucile per quelli che lo avevano avuto distrutto, in tre pacchetti di caricatori a testa e circa 200 bombe a mano per tutto il reparto.

Da questo momento in poi il reparto fu sempre tenuto a diretta dipendenza del comando d'Armata e adibito per conto della stessa negli innumerevoli servizi, più disparati: da guastatore, da geniere, da fante.

Per tutto quello invece che occorreva per la vita del Reparto; materiali da cucina, alloggi, fondi, l'Armata adducendo a sua giustificazione il fatto che esistevano problemi da risolvere ben più urgenti, non si interessò mai minimamente.

Infatti durante tutta la campagna di Sicilia e Calabria né gli ufficiali né i soldati della nostra compagnia non riuscirono mai a prendere un solo soldo o di stipendio o di decade.

Per l'alloggio, per tutta la durata delle restanti operazioni, i guastatori che non avevano più nemmeno un telo tenda, dormirono all'addiaccio sotto gli alberi o in qualche stalla abbandonata.

Quanto ai viveri, quando era possibile, si mangiava in sussistenza con altri reparti per cui o con cui si lavorava e si combatteva.

Altrimenti ci si arrangiava come si poteva.

Alcune volte dovemmo chiedere i viveri persino ai Magazzini della R. Marina situati sulla costa settentrionale. E a tal punto il nostro Reparto non riuscì mai a possedere un solo oggetto da cucina o ad avere una propria cassa contabile poiché, nonostante la circolare dell'Ispegenio che fissava i compiti di compagnia autonoma, e i numerosi esposti presentati agli organi superiori dal Comandante di Compagnia, i Comandanti delle grandi unità da cui esso dipendette non vollero mai definire la sua figura amministrativa.

Eppure, in così precarie condizioni, gli uomini dell'11ª Compagnia Guastatori seppero dar prova ugualmente di generoso ardire e di ampia adattabilità in qualsiasi impiego.

Precipui compiti furono la caccia antiparacadutisti, la posa di campi minati, i servizi di vigilanza e pattugliamento ravvicinato a protezione diretta del Comando d'Armata.

Più volte anzi il Comandante di Armata, S.E. Guzzoni, si intrattenne e si compiacque con i nostri uomini per i servizi resi.

Non mancarono nemmeno impieghi del reparto in compiti tutt'affatto diversi da quello suo specifico.

Ad esempio il giorno 2 agosto nei pressi della Casa Cantoniera Mandrazzi, dove appunto per tale data si trovava l'autotreno dell'Armata, transitò, diretta a Messina, una pesante formazione di bombardieri.

Un gruppo contraereo tedesco che si trovava nelle vicinanze aprì il fuoco contro di essa e colpì uno dei bombardieri in pieno. Questo, si vede centrato nel deposito delle bombe, esplose in aria e precipitò al suolo in un ammasso di relitti in fiamme andando a cadere proprio nel bosco sotto cui era occultato l'autotreno del Comando.

L'incendio si appiccò facilmente, data la stagione calda e la presenza del vento, al bosco e in breve prese proporzioni allarmanti minacciando direttamente la sede del Comando. Anche in questo caso i Superiori si ricordarono dei guastatori che, nonostante tutta la notte precedente fossero stati impegnati in una gravosa operazione antiparacadutista, s'improvvisarono genieri antincendi con tanto entusiasmo da riuscire a localizzare prima e a domare poi l'incendio scongiurando così la sicura distruzione del Comando d'Armata.

Ma dove la compagnia fu maggiormente impegnata fu nella lotta antiparacadutista. A tal fine è qui opportuno ricordare come, proprio per a prima volta durante la campagna di Sicilia, gli Alleati fecero grandissimo uso di truppe paracadutiste. lanciate nelle retrovie avversarie.

Tali truppe erano costituite da elementi particolarmente selezionati sia per le loro doti fisiche veramente eccezionali, sia per quali conoscitori dei luoghi dove erano destinati a operare.

Essi venivano lanciati in piccoli gruppi che stabilivano subito il contatto tra loro mediante apparecchi radio di ridottissime dimensioni e peso. Essi costituivano quindi, come una grande rete tra le cui maglie venivano a trovarsi le nostre unità.

I compiti di tali paracadutisti furono svariatissimi.

Innanzi tutti essi costituivano dislocati in tutte le zone collinose e boschive un fedele e sempre aggiornato servizio di avvistamento ed informazione sulle nostre retrovie. I guastatori dell'11ª ricordano ancora durante le notti trascorse sulle pendici delle Madonie prima e dei Peloritani dopo, si vedevano spesso delle segnalazioni luminose emesse da tali nuclei nemici per stabilire tra di loro dei contatti ottici. Le notizie che essi raccoglievano, la notte, venivano poi trasmesse a mezzo radio a degli aerei che, per ore ed ore, volavano con un ronzio monotono ed uniforme sulla zona dove i paracadutisti erano stati lanciati. Oltre a compiti informativi i paracadutisti angloamericani svolgevano azioni di sabotaggio, sia delle telecomunicazioni che delle opere d'arte stradali, e in questo vi fu senza dubbio della connivenza da parte della popolazione civile che, in particolare in Sicilia, era stata provata oramai da due anni d'angustie economiche di ogni specie e dagli ininterrotti bombardamenti aerei.

Una notte, per esempio, furono trovati interrotti centinaia di circuiti telefonici che paralizzarono per più di due giornate consecutive l'azione di Comando dell'Armata che dovette ricorrere, si può immaginare con quali magri risultati, oltre che ai collegamenti radio che per l'occasione funzionarono malissimo, a porta ordini motociclisti.

Il loro equipaggiamento, snello e modernissimo, prevedeva ogni evenienza. Dal vestiario ai viveri, dai mezzi di collegamento a quelli di sabotaggio, da l'armamento ai medicinali, tutto doveva essere stato oggetto di lunghi accuratissimi studi sì da racchiudere in un modesto peso dei materiali di altissimo rendimento ed autonomia.

Abituato alle povere, ammuffite cose che portava con sé (ed era già molto quando le aveva) il soldato italiano, che poteva vedere l'equipaggiamento completo di un paracadutista alleato, sembrava quasi prendesse contatto con il mondo della fantasia.

Egli certamente sentiva che, nonostante sia l'uomo quel che vince la guerra e non i mezzi impiegati, questi ultimi hanno acquistato, specie nella guerra moderna, un'importanza talmente essenziale da scalzare completamente il principio, così italiano, di fare la guerra "arrangiandosi".

Ricordiamo ad esempio che, mentre tra le nostre truppe si ebbero a lamentare diversi casi di malaria, dato che la Sanità italiana non aveva pensato mai a prevenirla, nell'equipaggiamento dei paracadutisti, che il nostro reparto fece prigionieri, fu trovato sempre il necessario per effettuare iniezioni antimalariche. E ancora: mentre tra di noi per trovare una carta topografica bisognava risalire quasi alla Grande

Unità, i paracadutisti catturati possedevano ognuno, oltre che mappe a grande scala della zona dove dovevano operare, delle carte d'insieme della Sicilia e d'Italia stampate su fazzoletti di cotone o di seta di un'eccezionale precisione e chiarezza oltre che di una resistenza all'uso praticamente illimitato.

In particolare su tali carte era riportata a scala maggiore la fascia di territorio che interessava il confine Svizzero Italiano; cioè, chi aveva provveduto a stamparle, aveva anche preveduto l'eventualità dello sconfinamento nell'unico Paese neutrale a contatto con l'Italia.

Sono dei fatti quasi banali quelli riportati, eppure sono un indice di come i Governi nemici si erano preoccupati di salvaguardare la vita e potenziare il rendimento dei loro uomini.

E quanto sopra è stato detto, non tanto a titolo d'atto di accusa per il nostro S.M. quanto per far risultare maggiormente - dato il dislivello di preparazione e di mezzi - la superiorità morale e le più spiccate doti di coraggio del soldato italiano rispetto a quello alleato.

Tra le azioni antiparacadutiste svolte merita particolare attenzione quella svolta il 18 luglio sulle alture situate a Nord - ovest di Randazzo. Precisamente in tale zona nelle precedenti notti il nemico aveva lanciato dei paracadutisti in numero rilevante e di questi fu segnalata approssimativamente la dislocazione all'Armata.

Fu appunto nella notte tra il 17 - 18 luglio che al nostro reparto fu dato ordine di raggiungere la zona segnalata e di catturare o per lo meno neutralizzare le pattuglie nemiche nel più breve tempo possibile.

Il reparto, come al solito armato del moschetto con sei caricatori, di un centinaio di bombe e di una giornata di viveri a secco, portando però con sé tutto il suo entusiasmo, si diresse al rastrellamento della zona dove si presumevano annidati i paracadutisti avversari.

Giunta ai piedi delle colline da battere, la compagnia si scagliono su tre pattuglie a distanza tale però da poter mantenere il contatto a vista e nello stesso tempo per poter rastrellare una fascia più ampia di terreno.

Man mano che procedevamo la vegetazione - a carattere boschivo - si infittiva e ci obbligava quindi a restringere e distanze tra pattuglie e pattuglie. Verso le 11 del mattino dopo aver già valicato due ordini di alture, la pattuglia di centro avvistò, nei pressi di una capanna, due militari in divisa alleata che stavano raccogliendo della legna. I nostri uomini, messisi subito in guardia, si distesero uniformemente e un po' ad arco sulla direttrice di marci e continuarono ad avanzare con cautela. Intanto i due alleati si erano addentrati in una macchia boschiva più fitta.

I guastatori conversero verso tale zona più fittamente alberata e dopo aver progredito di qualche altro centinaio di metri scorgevano nella boscaglia che ora nuovamente andava diradandosi, un grosso contingente di paracadutisti forniti di numerose armi automatiche (carabine Lewis, pistole mitragliatrici Tompson, ecc.) in posizione di difesa.

I nostri uomini conversero ancora un poco verso l'obiettivo oramai individuato e quindi, defilandosi per quanto più possibile dietro gli alberi si prepararono all'attacco.

Ma la reazione avversaria non tardò a manifestarsi rabbiosa e violente, poiché parte degli angloamericani erano sul chivive con le armi impugnate e per di più, data la disposizione delle piante, eravamo più allo scoperto noi che gli avversari.

Ciò nonostante il valore e l'ardire dei guastatori ebbe il sopravento sulla schiacciante superiorità di mezzi nemica.

Difatti dopo ulteriori sbalzi in avanti quasi allo scoperto i nostri elementi più avanzati giunsero a distanza utile per il lancio delle bombe a mano. E questo, per chi conosce le caratteristiche dei guastatori, significava che per il nemico non c'era più scampo.

Difatti giunti i primi a tale utile distanza, quelli che stavano più dietro serrarono sotto l'obiettivo e al primo esplodere delle poche bombe a mano in dotazione tutti insieme si lanciarono furiosamente sui paracadutisti che nel giro di soli pochi istanti furono disarmati e fatti prigionieri.

Il bilancio di questa azione fu fortunatamente favorevole a noi.

Infatti mentre tra i paracadutisti un ufficiale restò ucciso e 8 furono feriti di cui tre gravi, tra i nostri non si ebbero a lamentare che sei feriti di cui uno solo piuttosto gravemente (il Guastatore alp. Cantù). In complesso i paracadutisti catturati in questa azione, e consegnati poi all'ufficio del S.I.M. dell'Armata, furono circa una trentina.

Si raccolse inoltre sul luogo dello scontro una quantità notevole di bottino consistente in radio, bussole, carte topografiche, ecc. Particolare curioso fu che, quando, procedendo al disarmo dei paracadutisti, questi riconobbero in noi degli italiani, manifestarono clamorosamente la loro gioia perché pensavano che, qualora si fosse trattato di tedeschi, sarebbero stati tutti passati per le armi sul posto.

Quando il Comando d'Armata si trasferì presso la Sella Mandrazzi, il nostro reparto si sistemò alla meglio, in alcune capanne abbandonata nei boschi circostanti Novara di Sicilia.

Qui la compagnia, a meno di impegni di carattere eccezionale, quasi tutte le notti era per circa un terzo impegnata nel servizio di pattugliamento e vigilanza dei boschi circostanti località Mandrazzi. Gli altri due terzi della compagnia liberi dal servizio, eccetto gli uomini necessari per le necessità logistiche de Reparto, costituivano delle pattuglie che volontariamente si dirigevano alla ricerca ed alla cattura di paracadutisti alleati. A tale scopo durante la notte si prendeva nota delle località dove approssimativamente erano state viste delle segnalazioni luminose e al mattino dopo o durante la notte stessa si dirigeva a rastrellare quella zona. In tali azioni furono fatti prigionieri degli alleati, però riuniti, a differenza del 18 luglio, in numero sempre molto limitato: cinque o sei al massimo.

Fu trovato in possesso di alcuni di essi una grande mappa su cui erano indicate con un cerchio rosso oltreché la località individuata, anche altre circostanti.

Ciò ci fece sperare di catturare altri nuclei conoscendone preventivamente la dislocazione, ma i risultati non furono poi corrispondenti alle previsioni forse perché i paracadutisti si spostavano dalla zona prefissata qualora perdessero il contatto radio oppure ottico con gli altri nuclei adiacenti. I nostri uomini si recavano con il massimo entusiasmo alla caccia di elementi alleati perché ciò, oltre ad essere in armonia con l'aggressiva combattività propria dei guastatori, rappresentava, qualora l'azione riuscisse, una notevole soddisfazione morale oltreché un non indifferente vantaggio d'indole pratico.

Infatti far prigionieri dei paracadutisti significava assicurarsi il sacco a pelo per dormire, viveri di qualità ottima per diversi giorni, armi leggere a tiro rapido ed efficace, e , particolare niente affatto trascurabile, le scarpe di lancio dei paracadutisti, caratterizzate da una resistenza e comodità eccellenti e che essi tenevano di scorta oltre le calzature normali.

l'11ª continuò così a trascorrere i suoi giorni di guerra elevando un poco per proprio esclusivo merito, il suo livello di vita.

La notizia della caduta di Mussolini del 25 luglio, pervenutaci in ritardo ed attutita nella sua importanza, per aver noi quasi perduto il contatto con l'Italia (dal giorno dello sbarco non ricevemmo più posta), provocò specie tra i soldati un'euforia passeggera. Qualcuno parlò di pace e successivo congedo imminente, ma il proseguire indisturbato della guerra fece ben presto dimenticare l'avvenimento.

Principiammo però da allora a notare che le truppe tedesche agivano sempre più di loro iniziativa influenzando prima e addirittura impartendo ordini poi ai nostri comandi.

Intanto, col successivo ripiegamento del fronte, l'11ª era stata trasferita a Calvaruso sul rovescio delle alture prospicienti Messina. Verso il 10 agosto il Superesercito ed il Com. Tedesco decisero di far ripiegare in continente le truppe che ancora combattevano in Sicilia; operazione questa quanto mai complessa perché occorreva richiedere un'eccezionale prestazione ai traghetti sullo stretto di Messina proprio mentre questi di giorno in giorno venivano sempre più ridotti di numero e di efficienza dato il costante sovrastare sullo Stretto stesso dell'aviazione alleata.

I ferry - boat erano in quei giorni tutti fermi perché o affondati o seriamente avariati. Tutto il traffico si dovette quindi riversare sulle motozattere di cui praticamente i Tedeschi presero subito il monopolio con una prepotenza per noi davvero umiliante. Mentre ai soldati italiani era concesso imbarcarsi col solo zaino, le truppe germaniche caricavano, per cercare di portarli in continente, anche gli automezzi ed i cannoni.

La notte tra il 13 ed il 14 agosto ricevemmo l'ordine di spostarci in località Castanea in attesa di ulteriori ordini per l'imbarco.

Verso l'una di notte ci si mise in cammino risalendo le pendici dei Peloritani in direzione della Sella di Torre S. Rizzo. Giunti al punto di valico ci si offrì lo spettacolo, che in verità destava impressione, dello Stretto di Messina che, durante gli ultimi giorni di combattimento, costituendo un passaggio obbligato per il flusso dei rifornimenti e per il trasporto delle truppe, era, come si è detto, giorno e notte battuto dalla caccia e dall'aviazione pesante. Presso le coste della Sicilia, nelle acque dello stretto, e ancor più lontano lungo la scogliera calabra, velata un poco dalla foschia, si scorgevano gli incendi dei numerosi obiettivi centrati di cui lo specchio d'acqua rifletteva vividi guizzanti bagliori. Nel cielo gli aerei erano instancabilmente inseguiti dal fitto intersecarsi dei fasci luminosi delle fotoelettriche a sua volta rincorso dalla schiera di scie multicolori lasciate dai proiettili traccianti.

A volte accadeva che l'apparecchio restasse centrato dal punto d'intersezione di almeno due raggi luminosi. In genere in tal caso per l'aereo era finita; nonostante le ardite picchiate e successive cabrate tentate dal pilota, questi molto difficilmente riusciva a sottrarsi al controllo luminoso dei proiettori e quindi quasi inevitabilmente cadeva sotto il tiro delle batterie contraeree che con relativa facilità riuscivano ad abbatterle.

In località Castanea la mattina seguente ci giunse l'ordine di imbarcarci, anziché sulla motozattera, sul ferry -boat "Cariddi" che era stato al meglio riattato e messo in condizioni di riprendere il mare. L'imbarco e la partenza dovevano avvenire da Messina verso le ore 20 della sera del giorno stesso. Nelle prime ore del pomeriggio ci rimettemmo quindi in strada per raggiungere il pontile dell'imbarco. Essendo la giornata serena c'era da attendersi un'intensa attività aerea.

Incominciavano intanto a sibilare e a esplodere le prime granate d'artiglieri lanciate nei sobborghi di Messina dal nemico che ormai era ai piedi dei Peloritani. Eppure ricordo che anche quel giorno, nonostante il tragico precipitare degli eventi, restò intatta la serena inesauribile esuberanza di spirito dei nostri soldati.

Verso le 18,30 della sera giungemmo alla periferia di Messina.

Questa città subiva ormai almeno un bombardamento pesante al giorno nella zona adiacente il molo ed una serie quasi continua di azioni di mitragliamento e spezzonamento lungo le vie d'accesso. Tutti gli edifici industriali e civili nella fascia portuale erano stati ridotti ad un ammasso di calcinacci e ferri contorti, e dal fondale adiacente affioravano gli scafi delle numerose imbarcazioni affondate. I servizi pubblici erano stati completamente paralizzati. Tram, luce, gas, telefono, nulla più funzionava e in particolare una bottiglia d'acqua bisognava pagarla cara.

La popolazione civile era quasi tutta sfollata nelle campagne e i pochi, cui questo non era stato possibile, trascorrevano, ammassati in un'atmosfera irrespirabile, quasi tutto il giorno e la notte nei rifugi e nelle gallerie, solo attendendo che l'ondata della guerra si fosse allentata.

L'appuntamento con le altre truppe con cui ci dovevamo imbarcare era stato fissato alla Stazione Marittima. Passando in file indiana attraverso la città pressoché deserta, camminando su monticelli di macerie e tappeti di vetri infranti, giungemmo al luogo convenuto. Della stazione, a suo tempo modernamente realizzata sia dal punto di vista tecnico che estetico, non rimaneva altro che una tormentata scheletrica ossatura nel cui interno il piano dei binari, sconvolto dalle bombe di grossissimo calibro, era cosparso di enormi crateri. Anzi la ciclopica forza dell'onda esplosiva si era stranamente divertita con i vagoni presenti disponendone gli scheletri di alcuni - come si fosse trattato di semplici birilli - in equilibrio verticale, sollevandone di peso uno e, quasi a dare un saggio della sua potenza, deponendolo a pancia in aria su di un piano caricatore, oltre poi ad averne sventrati la maggior parte. Appunto in tale spazio di terreno erano già riunite tutte le truppe destinate all'imbarco in attesa che il traghetto attraccasse allorché, proveniente da sud e proprio d'infilata giunse a volo radente, preannunziata solo di pochi istanti dal rombo dei loro generosi motori una formazione di "Hurricane". Passarono sulle nostre teste a velocità vertiginosa senza colpo ferire, ma, dato che si dovevano essere accorti dell'addensamento di truppe, c'era da aspettarsi il ritorno.

Ma ricordo che avevo incominciato a saper riconoscere questi veri e proprio "proiettili alati" dalla inconfondibile linea pura ed elegante fin dai primi giorni del nostro arrivo seguendo i duelli aerei nel cielo di Catania ed avevo perciò già appreso come ad una elevatissima velocità essi accoppiassero anche una splendida docilità di manovra. Infatti queste magnifiche macchine, che il color argenteo ancor più snelliva, giunte a breve distanza sul mare, compiuta un'agile, strettissima evoluzione, picchiarono su di noi rovesciandoci addosso il tremendo volume di fuoco delle loro otto mitragliere e dei due cannoncini di bordo. Con successive virate questi ottimi cacciatori - che per il loro numero eccezionale di armi avrebbero ben meritato il soprannome di "istrici volanti" tornarono ancora tre volte a mitragliare il piazzale delle stazioni scomparendo poi nel giro di pochi attimi in direzione Ganzirri. Le vittime provocate furono numerose, ma fortunatamente il nostro reparto non ebbe a lamentarne.

Cominciava ad annottare quando il nostro traghetto doppiava la lanterna del molo di Messina, per puntare su Villa S. Giovanni. Gli uomini, per sfruttare al massimo il viaggio, erano densamente ammassati ovunque, nelle soprastrutture, sul piano di ferro, sottocoperta. Non un solo metro quadrato di spazio disponibile era rimasto inutilizzato. E per occupare meno spazio tutti erano in piedi e a stretto contatto l'uno con l'altro. La traversata dello stretto incominciò senza incidenti. Intanto la notte era scesa e già i bianchissimi pennelli luminosi delle fotoelettriche avevano incominciato a frugare nel cielo. Giunti a metà circa della traversata vedemmo accendersi i razzi illuminanti sopra una motozattera che navigava a breve distanza da noi puntando su Cannitello. Poco dopo alcuni caccia bombardieri si avventarono sulla preda da cui ben presto si levarono le fiamme ed una densa cortina di fumo. Per noi il viaggio continuava ancora indisturbato.

Ma solo a poche centinaia di metri dal molo il sinistro bagliore dei razzi illuminanti rischiarò in pieno la nostra nave. Era il nostro turno. Del resto non era neppure possibile accelerare l'andatura del traghetto perché già questo stava per entrare nell'interno della diga foranea e doveva anzi procedere con prudente attenzione per evitare le carcasse affioranti delle varie navi affondate.

E poi a differenza delle altre navi che attraccano di fianco, il ferry-boat va ad imboccare di punta l'invaso che tenendolo forzato sui laterali, permette il collegamento dei fasci dei binari di bordo con quelli del molo richiedendone così una particolare cautela e lentezza nelle manovre di approdo.

Intanto tra la densissima massa degli uomini a bordo cominciò a delinearsi in fermento che in breve si trasformò in una sempre più intensa pressione in direzione dell'uscita nel tentativo di sottrarsi al più presto all'attacco imminente, mancavano solo poche decine di metri perché la nave fosse ferma quando i cacciatori alleati uno dopo l'altro cominciarono a tuffarsi, prendendo d'infilata sotto il fuoco delle loro armi il ponte principale dove più compatta era la folla. Purtroppo, come sempre succede nei momenti di maggior frangente anche in questa occasione la confusione o la sconsideratezza causarono anch'esse molte vittime. Infatti la disperata incontenibile spinta esercitata dalla gente retrostante fece perdere l'equilibrio degli uomini antistanti, dei quali parecchi caduti in mare furono sfracellati dalle eliche di propulsione o annegarono.

Raggiunta comunque la sponda della Calabria, i superstiti delle compagnie guastatori si riorganizzarono nei limiti del possibile, a Santa Eufemia d'Aspromonte.

A seguito di un distacco del comando di Armata, in base al quale i reparti più provati dalla campagna di Sicilia dovevano rientrare al centro di mobilitazione, l'11ª trovandosi in queste condizioni ebbe ordine di raggiungere Trieste.

Da Santa Eufemia fino a Paola le comunicazioni ferroviarie erano totalmente interrotte; pertanto il Reparto guastatori compì il tragitto a piedi suddiviso in drappelli superando notevoli ed immaginabili difficoltà per l'assoluta mancanza di approvvigionamenti e perché fatto segno a continue e violente azioni belliche. Da Paola fino a Trieste proseguì con mezzi ferroviari.

Raggiunto il centro di mobilitazione i guastatori furono immediatamente inviati ad Asiago, dove era in via di ricostruzione il XXX° Btg. Guastatori alle dipendenze dal Maggiore Caccia Dominioni.

Sopravvenuto l'8 settembre alcuni Ufficiali, sottufficiali e guastatori riuscivano a passare le linee e raccoltisi nelle Puglie diedero vita all'870° Nucleo Speciale Guastatori Genio che, affiancato agli Alleati partecipò a tutte le operazioni per la Guerra di Liberazione, dallo sbarco di Anzio alla Liberazione di Bologna al Comando della Gloriosa Medaglia d'Oro Giorgio De Sanctis.

Altri elementi invece parteciparono vivamente alla lotta partigiana contro i tedeschi sotto la guida esemplare dell'eroico Magg. Paolo Caccia Dominioni, il leggendario comandante del XXXI° Btg. Guastatori di El Alamein".

Dopo l'Armistizio

Giorgio De Sanctis rientrò presso il Reggimento il 1° settembre 1943, prendendo parte nei giorni successivi ad azioni contro i partigiani titini, che stavano compiendo atti di terrorismo nella Venezia Giulia. L'Armistizio dell'8 settembre giunse come un fulmine a ciel sereno anche tra i Guastatori che erano concentrati al 5° Reggimento a Banne. De Sanctis fu catturato insieme ai tutti i suoi commilitoni del reparto ed avviato verso un campo di detenzione per gli Internati Militari, ma riuscì a fuggire nei pressi di Lubiana. Saputo che nel Sud Italia si stavano riorganizzando le Forze Armate fedeli alla monarchia sabauda, attraversò la linea del fronte e raggiunse Bari, dove si presentò alle autorità militari il 15 novembre. Insieme al Tenente Emilio Poli, anch'egli brevettato a Banne, nel novembre 1943 propugnò la costituzione di un reparto di Guastatori, quello che sarà poi l'870° Nucleo Speciale Guastatori Genio[13], del quale fu il comandante con il grado di Tenente. Al comando del Nucleo, assegnato alla Initial Control Unit della V Armata Americana, partecipò agli scontri sul fronte di Anzio, alla liberazione di Roma e di Firenze, compiendo la mirabile operazione di messa in sicurezza del Ponte Vecchio,

---

13 La storia dettagliata dell'870° Nucleo Speciale Guastatori Genio sarà trattata nel capitolo successivo.

minato dalle Forze Armate germaniche. Il Nucleo passò alle dipendenze del Gruppo di Combattimento "Friuli" nel marzo 1945, inserito nel Battaglione Genio, risalendo la penisola fino al fronte del Senio, dove il 12 aprile 1945 fu ferito da un colpo di mortaio, che gli mutilò il braccio destro, durante le operazioni di sfondamento della linea difensiva tedesca. Anche in questo difficile momento dimostrò il suo valore ed altruismo, preoccupandosi di recuperare e condurre i commilitoni feriti, a rischio della sua stessa vita. Questo atto di eroismo gli valse la Medaglia d'Oro al Valor Militare, che si andava a sommare ad un Encomio Solenne delle Forze Armate Americane (per le operazioni sul fronte di Anzio – Roma), ad una Medaglia d'Argento al Valor Militare (per le operazioni a Firenze), ad una Croce di Bronzo Polacca al Valor Militare, concessa sempre sul fronte del Senio, ed a numerose lettere di encomio, dirette a lui personalmente ed all'intero 870° Nucleo, sia da parte delle Forze Armate Italiane che quelle Alleate.

Il Dopoguerra

Nel dopoguerra Giorgio De Sanctis completò i propri studi, laureandosi in Giurisprudenza all'Università di Roma nel 1947. Nel 1949 fu collocato a congedo assoluto e iscritto nel Ruolo d'Onore col grado di Capitano, venendo promosso Maggiore nel 1960, Tenente Colonnello nel 1962 e fu nominato Generale di Brigata della Riserva nel 1972. Lavorò, sino al pensionamento, presso il Ministero del Commercio Estero come funzionario, arrivando al ruolo di Capo di Gabinetto. Si spense a Roma il 26 gennaio 1982. Nel 2000 a Udine nella Sala Storica della Caserma del Genio Guastatori, è stato collocato un busto della Medaglia d'oro De Sanctis.

Decorazioni del Tenente De Sanctis

Nel corso del suo impegno militare, Giorgio De Sanctis ricevette numerosi riconoscimenti, tanto che, probabilmente, fu il militare più decorato dell'Esercito Cobelligerante. Inoltre, la Medaglia d'Oro al Valor Militare, ricevuta per le gesta compiute a soli 23 anni, fa di lui il più giovane decorato di Medaglia d'Oro al Valor Militare italiano.
Questa la motivazione della Medaglia d'Oro:

"Giovane ufficiale del genio animato da alto senso del dovere e grande amor patrio, nell'ora difficile della lotta per la liberazione del Paese occupato dai tedeschi, al comando di un nucleo di Guastatori, prima alle dipendenze dirette degli Alleati, poi inquadrato nei reparti del genio del Gruppo di combattimento «Friuli» si prodigava instancabilmente nel pericoloso lavoro della bonifica dei campi minati e disattivazione di ordigni esplosivi. Primo fra i suoi soldati, costante esempio di ardimento, trascinatore e esaltatore di eroismi. A Firenze, sotto il fuoco nemico agendo personalmente apriva agli Alleati la via dell'unico ponte rimasto intatto sull'Arno, guadagnando lode per sé e per il valore dei soldati italiani. Sul Senio nella costituzione della testa di ponte che doveva aprire la via al Gruppo «Friuli» verso la vittoriosa avanzata su Bologna, mentre incurante della reazione di fuoco nemico, con pochi arditi disattivava mine, colpito e mutilato del braccio destro asportatogli da un colpo di mortaio, raccoglieva i suoi uomini feriti dallo stesso scoppio, li caricava sulla sua jeep che di persona guidava mescolando con essi dolore e sangue sino al più vicino posto di medicazione dove serenamente vincendo il dolore e la debolezza imponeva, fra la stupita ammirazione degli astanti, fossero date le prime cure ai suoi soldati pur meno gravi di lui. Figura di combattente da leggenda, ardito fra i più arditi, nobile e mirabile esempio di eroismo che ha saputo confermare e perpetuare nel tempo le tradizioni di valore del soldato italiano. Firenze - Torrente Senio (Riolo dei Bagni), 7 agosto 1944- 11 aprile 1945".

E questo l'elenco completo delle decorazioni del Tenente De Sanctis:
1 Medaglia d'Oro al Valor Militare sul campo (Firenze - fronte del Senio, agosto 1944, aprile 1945)
1 Medaglia d'Argento al Valor Militare sul campo (Firenze, agosto 1944);
2 Croci al Merito di Guerra;
1 Medaglia di benemerenza per i volontari della Guerra 1940 – '45;
1 Croce al Valore Polacca;
1 Encomio Solenne individuale in forma scritta del Comando Alleato.

Il Tenente De Sanctis ricevette inoltre numerosi apprezzamenti, sia scritti che verbali, da parte dei Comandi Alleati e dei Comandi Italiani.

▲ Giorgio De Sanctis, con il grado di Sergente, fotografato durante gli studi presso nell'Accademia Militare di Artiglieria e Genio di Torino nel mese di agosto del 1941 (Archivio famiglia De Sanctis).

▲ De Sanctis insieme ad un nutrito gruppo di compagni di corso dell'Accademia, probabilmente nell'inverno 1941 – 1942 (Archivio famiglia De Sanctis).

▼ Esercitazione del Genio nei pressi di Torino nel marzo 1942: una passerella sostenuta da gommoni è stata gettata per collegare le due sponde del fiume (Archivio famiglia De Sanctis).

▲ Giorgio De Sanctis, con il grado di Sergente, fotografato durante gli studi presso nell'Accademia Militare di Artiglieria e Genio di Torino nel mese di agosto del 1941 (Archivio famiglia De Sanctis).

▲ Altra immagine scattata durante la stessa esercitazione: costruzione di un ponte di barche (Archivio famiglia De Sanctis).

▲ Fotografie del Sottotenente De Sanctis, scattate durante momenti addestrativi congiunti con reparti blindati. Era importante per i Guastatori avere dimestichezza anche con i mezzi corazzati, armati, per poterli affrontare efficacemente nella lotta controcarro (Archivio famiglia De Sanctis).

▼ Un carro armato M13/40 impegnato nel superamento di un ostacolo di cemento armato (Archivio famiglia De Sanctis).

▲ Giorgio De Sanctis ormai nominato sottotenente del Genio, insieme ad un commilitone (Archivio famiglia De Sanctis).

▲ Il Sottotenente Giorgio De Sanctis, fotografato nel giugno 1942, dopo essere stato assegnato alla 20ª Compagnia Teleradio della Divisione "Friuli": al bavero infatti porta le mostrine Divisionali caricate con le pipe del Genio. Sulla bustina il fregio del Genio con il numero identificativo del 7° Reggimento Genio, da cui dipendeva la sua Compagnia (Archivio famiglia De Sanctis).

▲ Fotografia scattata probabilmente durante il corso per il conseguimento del brevetto da Guastatore a Banne (TS) nel 1943 presso la Compagnia Addestramento del 5° Reggimento Genio. Il Sottotenente De Sanctis, il secondo da destra, è insieme ad altri commilitoni, tra cui, all'estrema destra un Guastatore Alpino, sul cui braccio sinistro si nota il brevetto della Specialità (Archivio famiglia De Sanctis).

▼ Guastatori dell'11ª Compagnia in Sicilia nell'estate 1943: De Sanctis è il secondo da destra (Archivio famiglia De Sanctis).

▲ Un'altra immagine dei Guastatori dell'11ª Compagnia, mentre si atteggiano in pose guerresche. Le due immagini mostrano chiaramente la carenza di vestiario lamentata da De Sanctis nel suo memoriale delle operazioni in Sicilia (Archivio famiglia De Sanctis).

▲ La nave da sbarco per carri armati HMS LST-402 della Royal Navy, fotografata da De Sanctis probabilmente ad Anzio. La LST-402, prese servizio nella Marina britannica il 9 ottobre 1942 e partecipò all'invasione della Sicilia, allo sbarco di Salerno ed a quello di Anzio. In seguito, prese parte agli sbarchi in Normandia, nel Canale della Manica (Archivio famiglia De Sanctis).

▼ Bella immagine del reparto del Nucleo Arditi Specializzati. De Sanctis in primo piano al comando dell'unità. (Archivio Niccolò Tognarini).

▲ La Sezione Logistica del 1st I.C.U., composta da Willys jeep ed autocarri Dodge T110 60 cwt. E' interessante come quasi ogni mezzo avesse sul parabrezza un soprannome, inoltre tutti i veicoli recavano sul paraurti anteriore la sigla I.C.U.; è probabile che questa consuetudine fosse rappresentata anche sugli autocarri dell'870° Nucleo Guastatori (Archivio Niccolò Tognarini).

▼ Posto di comando mobile del 1st I.C.U. a Firenze, composto da un autocarro Dodge T110 ed un rimorchi. La 1st Intelligence Collection Unit era un'unità nata ed organizzata per effettuare operazioni di sabotaggio, di attacco ad obiettivi sensibili, di raccolta informazioni tattiche, di identificazione e cattura di personaggi legati al nazifascismo, non solo militari, ma anche civili(Archivio Niccolò Tognarini)

▲ Reparto di Genieri britannici in forza all'I.C.U.: da sinistra si possono vedere una vettura da ricognizione blindata Dingo, 4 jeep Willys, 3 M3A1 Scout Car ed un Dodge t110. Questa immagine, come le altre che si riferiscono al questa unità di Intelligence, furono scattate a Firenze, al termine degli scontri con le truppe Tedesche (Archivio Niccolò Tognarini)

▼ Cartina della città di Firenze utilizzata dagli uomini dell'I.C.U. durante l'attacco per liberare la città dagli occupanti tedeschi. Sulla mappa sono riportati tutti gli obiettivi, con la relativa priorità d'intervento, ed i punti sensibili (Archivio Niccolò Tognarini)

▲Giorgio De Sanctis con il Battle Dress britannico (Archivio famiglia De Sanctis).

▲ Fotografia ufficiale del Tenente Giorgio De Sanctis. Sull'uniforme britannica si riconoscono tutti gli attributi tipici dei Gruppi di Combattimento: al braccio sinistro il tricolore in stoffa del "Friuli", al bavero le mostrine del Genio ed al petto le sue numerose decorazioni. Interessante sul basco l'uso del brevetto da Guastatore, probabilmente in lamierino metallico, al posto del fregio del Genio (Archivio famiglia De Sanctis).

870° NUCLEO SPECIALE GUASTATORI GENIO

Dopo l'Armistizio dell'8 settembre aveva iniziato a confluire in Sud Italia un certo numero di militari che, con ogni mezzo ed in situazioni particolarmente difficili, erano riusciti ad attraversare il fronte ed a raggiungere le zone d'Italia non occupate. Nei Centri di Raccolta affluirono anche alcuni Guastatori brevettati, fra i quali anche il Tenente Giorgio De Sanctis, che aveva frequentato il 4° Corso a Banne presso il 5° Reggimento Genio, e che aveva poi fatto parte dell'11ª Compagnia Guastatori, dislocata in Sicilia. Il Tenente De Sanctis, ed il Tenente Emilio Poli, anch'egli brevettato a Banne e che aveva fatto parte della 30ª Compagnia Guastatori bis, furono assegnati dal Comando Tappa di Corpo d'Armata di Bari, al quale si erano presentati verso la fine di novembre, alla 25ª Compagnia Artieri del Battaglione Genio della Divisione "Legnano", che si stava iniziando a costituire a Manduria (LE) e che avrebbe dovuto unirsi alle forze Alleate. I due ufficiali chiesero subito di poter partecipare ad azioni sul fronte, contro i Tedeschi, segnalando la loro presenza e la loro qualifica di Guastatori Brevettati alla Direzione del Genio. Nel giro di pochi giorni la Direzione del Genio, per mano del colonnello Jammarino, fece giungere l'ordine di formare al più presto un gruppo di Guastatori e l'incarico fu affidato proprio a De Sanctis ed a Poli, i quali furono incaricati di sovrintendere alla costituzione del reparto. Ai due ufficiali fu data ampia autonomia ed i due tenenti si prodigarono per raccogliere volontari in tutte le zone della Puglia dove i Genieri si radunavano, riunendo non solo transfughi dal Nord, ma anche sbandati e richiamati. L'organico raccolto era composto da 140 volontari, tutti fatti confluire a Manduria, dove il corso di addestramento a ritmo accelerato prese l'avvio il 7 dicembre 1943. Il materiale necessario per la preparazione dei volontari fu fornito della Direzione del Genio ed I Guastatori seguirono un'apposita formazione per perfezionarsi nell'addestramento di specialità, in servizio di pattuglia, nell'assalto ad opere fortificate e sabotaggi di ogni tipo nelle retrovie nemiche, nella disattivazione di ordigni esplosivi di vario genere e, infine, nelle demolizioni con l'impiego dei più svariati congegni esplosivi, secondo le istruzione ricevute dal generale Crivaro, che istruì personalmente i giovani sull'uso e la messa in sicurezza di ordigni ad orologeria e congegni esplosivi. Il corso ebbe termine nei primi giorni dell'anno nuovo e furono brevettati 90 Guastatori. A questo punto, la Direzione Generale del Genio diede ordine di costituire un nucleo di non più di 40 Guastatori, scelti tra i più capaci e temerari, poiché l'unità sarebbe stata destinata ad operazioni ad alto rischio. Furono quindi scelti i 40 migliori allievi, cha andarono a costituire quello che sarebbe poi stato l'870° Nucleo Speciale Guastatori Genio[14], posto alle dipendenze del Servizio Informazioni Militari. Durante il periodo di formazione, il Tenente De Sanctis si distinse fin da subito per le sue doti di istruttore e per la sua profonda conoscenza tecnica, dimostrando coraggio, sangue freddo e sprezzo del pericolo. Per questo motivo la responsabilità del Nucleo fu affidata proprio al Tenente Giorgio De Sanctis, che la condivideva con il Tenente Emilio Poli. Terminato il periodo di formazione, De Sanctis ottenne chiese ed ottenne che l'870° potesse partecipare alle operazioni belliche. Il Nucleo fu

---

14 I documenti ufficiali del Gruppo di Combattimento "Friuli" fanno convenzionalmente risalire la costituzione del Nucleo al 1° gennaio 1944.

assegnato alla Secret Forces dell'Intelligence Service[15] della 5ª Armata Americana il 22 gennaio 1944, impegnata sul fronte di Anzio – Nettuno.

In linea con gli Alleati sul fronte di Roma

Questo piccolo reparto fu così buttato nella mischia della Battaglia per Roma (giugno 1944), con il delicato compito di effettuare la rimozione di mine e trappole esplosive, che le truppe tedesche avevano disseminato sia lungo la linea del fronte sia, successivamente, in città. Il Nucleo affiancò i reparti d'assalto americani (Rangers) e britannici (Commandos), riuscendo a dare un fattivo contributo alle operazioni di queste unità alleate. Al Nucleo vennero affidati compiti di delicati e di primaria importanza, quali la creazione di postazioni di osservazione avanzata, puntate avanzate nel corso delle operazioni offensive, ricerca a tappeto e rimozione di ordigni esplosivi nei settori di importanza strategica. Durante le fasi più concitate degli scontri, i Guastatori del Nucleo effettuarono anche alcuni rastrellamenti in settori di importante valore strategico, facendo prigionieri otto paracadutisti tedeschi, nei pressi della stazione Termini. Il Comando Alleato iniziò così a conoscere il valore di questo manipoli di ardimentosi soldati italiani, tanto fu avanzata proposta a Washington di decorare con la Bronze Star alcuni dei Guastatori. Le proposte furono tramutate in Encomi Solenni, concessi agli ufficiali, incaricati di comandare le quattro Sezioni, in cui era stato suddiviso l'870° Nucleo. Nel corso di queste operazioni il Nucleo ricevette in dotazione alcune camionette, autocarri e motociclette, rendendolo autonomo dal punto di vista della mobilità.
Nel corso di queste operazioni l'870° Nucleo Speciale Guastatori Genio ebbe 2 morti e 4 feriti.

La liberazione di Firenze

Dopo la liberazione di Roma, fu concesso al Nucleo un periodo di riposo e di riorganizzazione nella zona a nord di Bolsena, passando alle dipendenze del N.I. – I.C.U. dell' Allied Armies in Italy. Questo era una trasformazione delle Secret Forces, sempre comandate dal generale George Smith e dal Colonnello Joung Thomas. Il Tenente De Poli ed il Tenente Salerno furono destinati, insieme ad alcuni Guastatori, ad altri incarichi e, pertanto, il comando del Nucleo fu assunto dal De Sanctis. Nonostante fosse sollevato da impieghi operativi, in seguito a segnalazioni ricevute dalla locale Stazione dei Carabinieri, dal 1° luglio il reparto si attivò per disattivare e rimuovere mine e cariche esplosive disposte dalle forze armate tedesche nella scuola, in altri edifici pubblici ed in alcune abitazioni private. Questa particolare attività di bonifica della cittadina laziale fu compiuta con particolare attenzione e rapidità, tanto da far crescere la stima del Comando Alleato, che da quel momento iniziò ad avvalersi sempre più frequentemente dell'opera del Nucleo. Anche nel corso delle operazioni di bonifica a Bolsena il comandante De Sanctis si distinse, galvanizzando i suoi Genieri e suscitando in loro profonda ammirazione e rispetto.
Al termine di questo periodo, il Nucleo Guastatori fu rimandato in linea, a sostegno dell'avanzata che da Poggibonsi, che era stata liberata dagli Anglo – Americani il 18 luglio, puntava su Firenze. Questa fase operativa fu caratterizzata da scontri particolarmente violenti, con risultati altalenanti, ed al Nucleo furono affidati compiti particolarmente pericolosi. Nei pressi di Siena il Nucleo bonificò una vasta area, che doveva essere destinata ad accogliere un

---

[15] Il Secret Forces era un'organizzazione con compiti prettamente operativi dell'Intelligence Service al comando del generale George Smith e del colonnello Thomas Joung.

accampamento alleato, liberandola da proiettili d'artiglieri inesplosi e da mine a pressione. Nei giorni successivi l'attività di bonifica continuò a Boggibonsi ed a Cerda, dove i Genieri provvidero a rimuovere ordigni esplosivi di varia natura, collocati persino nelle abitazioni ed in strutture agricole.

Il Comando del n°1 I.C.U. emanò l'ordine di marcia, in preparazione all'offensiva su Firenze il 2 agosto 1944. L'ordine prevedeva che le forze dipendenti dall'I.C.U. presenti nella zona dovevano dividersi in 3 scaglioni ed il Nucleo Guastatori era stato assegnato al secondo scaglione di marcia. Il mattino del 5 agosto il Nucleo fu posizionato a sud di Firenze, dove stava per scoppiare la cruenta battaglia che avrebbe portato alla fine dell'occupazione tedesca nella città medicea. Fu proprio durante gli scontri per la liberazione del capoluogo toscano che l'870° Nucleo Guastatori scrisse le pagine più fulgide della sua storia, compiendo azioni spesso dimenticate dalle cronache militari, ma che furono fondamentali per la riuscita dell'attacco alleato. Nel pomeriggio dello stesso 5 agosto i Guastatori di De Sanctis risalirono viale Michelangelo sino all'incrocio di via Battisti e, sotto un nutritissimo fuoco di armi automatiche nemiche, rimossero uno sbarramento di mine poste sulla sede stradale, aprendo così un varco per i carri armati e fanteria alleati, la cui avanzata era bloccata da questo ostacolo.

Il giorno successivo, 6 agosto, le truppe Alleate si trovavano nuovamente bloccate: tutti i ponti della città medicea erano stati fatti saltare e l'unica possibilità di attraversare l'Arno era rappresentata dal Ponte Vecchio, l'unico risparmiato dalla furia distruttrice tedesca. Anche questo passaggio però era pericoloso a causa della presenza di mine, che lo rendevano di fatto non transitabile. Alcuni uomini del Nucleo di De Sanctis, guidati dallo stesso Tenente, riuscirono a raggiungere il Ponte, eludendo le vedette tedesche poste sulla riva opposta, a rimuovere lo sbarramento di 17 mine ed a stendere una linea telefonica clandestina, che permise di mettere in collegamento gli Alleati con un comando partigiano a nord del fiume Arno. Il 9 agosto un gruppo di Guastatori, al comando del Sottotenente Cangiano, attraversato l'Arno nei pressi della diga pescaia, disattivò dapprima una trappola esplosiva composta da otto bombe d'aereo, posta nei pressi della diga stessa. Il giorno successivo il Nucleo riuscì nell'impresa di liberare completamente dalle mine Ponte Vecchio. Sottoposti ad un continuo tiro diretto di armi automatiche nemiche, i Guastatori di De Sanctis, con incredibile coraggio e sangue freddo, rimossero ben 147 mine di vario tipo, rendendo completamente transitabile il Ponte e sicure le sue vicinanze. Questo successo ebbe non solo un importante valore strategico, ma anche morale, e suscitò grande ammirazione tra i comandanti Alleati, che indirizzarono lettere di encomio all'intero Nucleo e, personalmente, al Tenente De Sanctis, al quale fu anche conferita una Medaglia d'Argento al Valor Militare sul campo, per l'eroico comportamento. La bonifica di Ponte Vecchio fu essenziale per aiutare i fiorentini, piegati dalla fame: da quel momento fu possibile per il Comando Alleato inviare farina ed altri generi di prima necessità alla popolazione residente a nord dell'Arno, attraverso quello che era, al momento, l'unico punto di collegamento tra le due parti di Firenze, tagliata dal fiume.

L'11 agosto il Nucleo interventi presso il Palazzo della Posta, dove erano ancora attivi centri di fuoco nemici, con l'obiettivo di disattivare alcuni ordigni esplosivi. Nello stesso frangente i Genieri di De Sanctis scoprirono e resero inerte una grande quantità di esplosivo, nascosto in un edificio vicino all'Arno, probabilmente destinato ad attentati stradali, che avrebbero così interrotto le vie di comunicazione e rallentata l'avanzata alleata, catturando nel contempo tre militari germanici.

Il 12 agosto l'intero reparto poté entrare a Firenze, operando contro i franchi tiratori annidati nei punti nevralgici della città, catturando quattro uomini. Il difficile ma necessario lavoro di bonifica nel capoluogo toscano non era però ancora terminato. I Guastatori operarono in giornata per la messa in sicurezza dell'aria attigua all'Hotel Excelsior, ispezionando e ripulendo da ogni trappola esplosiva, non solo l'Hotel e gli edifici vicini, ma anche le fogne, che nascondevano pericolose insidie. Grazie a questa meticolosa attività il Comando Alleato n°1 dell'I.C.U. poté organizzare la sua sede all'interno dell'Excelsior.

La città era letteralmente disseminata di mine e trappole esplosive, che le truppe Tedesche avevano distribuito dovunque senza economia, per proteggersi le spalle durante il ripiegamento e per rendere più ardua l'offensiva Anglo - Americana. Per questo motivo i Guastatori operarono incessantemente per tre giorni, fino all'Assunta (15 agosto), perlustrando con estrema perizia edifici pubblici e privati, chiese e monumenti: neppure le opere d'arte, delle quali Firenze è particolarmente ricca, erano infatti al sicuro dal rischio di esplosioni. Il 16 agosto il Nucleo Guastatori fu chiamato a recuperare il cadavere di un civile morto in seguito ad un'esplosione sul Ponte Vecchio. Mentre erano impegnati nello svolgimento di questo pietoso compito, i Guastatori si trovarono di fronte ad una decina di mine tedesche non ancora esplose, che complicarono l'operazione. Solo la rimozione di questi ordigni permise di completare il recupero della salma e di rendere nuovamente transitabile il Mugnone in più punti, in collaborazione con reparti britannici.

Il generale Berardi volle esprimere personalmente a Firenze la sua ammirazione al comandante del Nucleo De Sanctis ed in riconoscimento dell'ardimento di questi uomini il Ministro della Guerra Alessandro Casati inviò un Encomio Solenne in forma ufficiale a tutto il Nucleo A dimostrazione del grande impegno profuso, della professionalità dimostrata, del valore militare ed umano palesato dai Guastatori dell'870° Nucleo Speciale, che valse il riconoscimento delle autorità militari americane, in genere timide nei confronti dei soldati italiani cobelligeranti, riportiamo le parole del colonnello Pompeo Agrifoglio:

"Il lavoro instancabile di 46 giorni compiuto in condizioni sempre difficili, sempre pericoloso, con rischio della vita, meritano ai due ufficiali, ai sottufficiali ed alla truppa l'elogio vivo e spontaneo del colonnello americano Joung, capo del Nucleo Avanzato e degli ufficiali alleati del I.C.U.

Il sangue freddo dimostrato in tutte le occasioni, il cosciente sprezzo del pericolo, la valentia con la quale ogni azione viene svolta, contribuiscono a tenere alte le tradizioni dei Genieri d'Italia, dimostrando quanto possa in animi generosi il sentimento di un dovere preciso e di una fede purissima nei destini di una Patria immortale".

Sempre nella stessa relazione del colonnello Agrifoglio, troviamo ciò che uno dei sottoposti di De Sanctis ebbe a dichiarare in merito al suo comandante: "Da Poggibonsi a Firenze continui accaniti scontri sanguinosi che coprono di gloria il Nucleo, videro sempre primo infaticabile eroico in testa ai suoi uomini il Tenente de Sanctis esempio fulgido di combattente e di comandante[16]*".*

Nel corso di queste pericolose operazioni l'870° Nucleo Speciale Guastatori Genio non ebbe caduti, ma lamentò 4 feriti.

---

16 Colonnello Agrifoglio Pompeo, *"Relazione sui fatti d'arme compiuti dal Nucleo Guastatori del Genio presso il n°1 – I.C.U. dal 1° luglio 1944 al 16 agosto 1944"*, Archivio famiglia De Sanctis.

Dalla Linea Gotica a Bologna

Il 23 luglio 1944 fu autorizzata dagli Alleati la costituzione dei Gruppi di Combattimento, unità militari attive ed articolate, che dovevano sostituire il Corpo Italiano di Liberazione, un organismo militare ormai superato. Tra la fine del 1944 e l'inizio del 1945, il "Regno del Sud" iniziò a formare sei nuove unità militari, che dalle retrovie sarebbero state portate sulla prima linea del fuoco, a mano a mano che avessero raggiunto un soddisfacente livello di addestramento. Il Corpo Italiano di Liberazione fu smembrato ed in parte utilizzato come nucleo di alcuni dei sei Gruppi di Combattimento autonomi: "Cremona", "Legnano", "Friuli", "Mantova", "Piceno" e "Folgore"[17]. Ogni Gruppo era equiparabile ad una divisione leggera e, complessivamente, avrebbero impegnato complessivamente circa 50.000 militari regolari italiani, impegnati in armi e in prima linea con gli Alleati. Il Gruppo di Combattimento "Friuli" fu uno tra i primi ed essere costituito, con effettivi della 20ª Divisione fanteria "Friuli"," entrò in linea l'8 febbraio 1945 sull'Appennino faentino, con compiti difensivi, e partecipò alla battaglia sul Senio e successivamente, al fianco degli Alleati, alla liberazione di Bologna e dell'area circostante.

Poiché nel frattempo era stato sciolto il n° 1 I.C.U. della V Armata, dietro insistenti richieste, l'870° Nucleo Speciale Guastatori Genio riuscì ad essere assegnato al Gruppo di Combattimento "Friuli", passando alle dipendenze del CXX Battaglione Misto Genio, comandato dal Tenente Colonnello Florio Del Prete. Il 24 marzo 1945 il Nucleo Guastatori raggiunse il "Friuli", arrivando sul fronte del fiume Senio alla vigilia del tentativo di sfondamento della linea di difesa nemica. A tal data il Nucleo aveva un organico di 1 ufficiale (De Sanctis), 5 sottufficiali e 16 uomini di truppa[18].

Il 29 marzo fu completato l'equipaggiamento del reparto che poté così essere impiegato, insieme alle altre Compagnie del Battaglione, nella realizzazione di campi minati, battuti dal fuoco nemico, in azioni di pattuglia e di rimozione di trappole esplosive, a ridosso delle linee nemiche, dimostrando sin da subito quel coraggio e quella determinazione, che lo avevano fatto apprezzare agli Alleati.

I reparti del Gruppo ricevettero l'ordine di tenersi pronti per la pianificata operazione di forzamento della difesa tedesca. Il giorno 6 i Guastatori di De Sanctis compirono una simulazione di una manovra d'assalto, coprendosi con cortine fumogene, mentre l'8 l'intero Battaglione Misto Genio fu impegnato in un'esercitazione di gittamento di passerelle sul fiume Lamone, in vista dell'operazione "Pasqua". L'870° Nucleo Speciale Guastatori fu suddiviso in 4 Sezioni, ciascuna delle quali aveva compito di pattuglia d'assalto per i 4 Battaglioni del Gruppo "Friuli", destinati a svolgere la prima azione di sfondamento.

Nella notte del 9 aprile il Battaglione Genio si portò a ridosso dell'argine del Senio, per approntare i materiali necessari per l'attraversamento del fiume. Nelle prime ore del giorno successivo, durante il fuoco di preparazione dell'artiglieria, tra le 4 e le 4 e mezza del mattino Genieri e Guastatori montarono due passerelle, mettendole in acqua sotto il fuoco nemico. Usandoli come traghetti, per mezzo di funi tese da una riva all'altra del fiume, la Fanteria del "Friuli" poté guadare il Senio. I Guastatori contribuirono al lancio delle passerelle e svolsero attività di copertura dei Genieri e dei Fanti, in quei punti ove la resistenza nemica era più

---

17 Solo una parte del CIL fu utilizzata per costituire i Gruppi, specialmente per "Folgore" e "Legnano". "Cremona" e "Friuli" originano direttamente dalle preesistenti Divisioni del Regio Esercito
18 Informazione desunta dal Diario del CXX Battaglione Misto Genio del Gruppo di Combattimento "Friuli".

intensa. Durante la giornata l'870° Nucleo ebbe 3 feriti. Il Tenente De Sanctis si prodigò in maniera superiore a quanto gli competeva, intervenendo dove il rischio era maggiore, spronando ininterrottamente i suoi Guastatori. Il Generale di Brigata Arturo Scattini, comandante del Gruppo di Combattimento "Friuli", si complimentò personalmente con il Tenente De Sanctis per attività svolta dai Guastatori nel corso dell'attacco.

L'11 aprile il "Friuli" occupò Riolo dei Bagni (oggi Riolo Terme) e la frazione Rivola, forzando definitivamente il Senio e costituendo una testa di ponte sulla sponda sinistra del fiume, in territorio nemico. Il Nucleo si attivò sin di primo mattino per procedere allo sminamento di una zona particolarmente rischiosa, perché violentemente battuta dal fuoco nemico. Il Tenente De Sanctis, nonostante avesse operato per buona parte della notte precedente, si era rifiutato di riposarsi e si era messo alla testa dei suoi Guastatori, per dirigere l'attività, che avrebbe permesso di aprire il passo alla fanteria. Mentre tutti gli operatori erano concentrati nella ricerca delle trappole esplosive, cadde improvvisamente un precisissimo colpo di mortaio, che falciò i Guastatori. Molti Guastatori furono colpiti o storditi, i feriti più gravi erano il Guastatore Emilio Luccarini, che aveva perso il braccio destro e l'autista della jeep che li aveva condotti sul posto, il Caporal Maggiore Valentino Paoloni, a cui fu spezzata una gamba da una scheggia. Allo stesso Tenente De Sanctis il colpo di mortaio aveva asportato il braccio destro. Nonostante la grave e dolorosa mutilazione, Giorgio De Sanctis riuscì a mantenere il sangue freddo: caricò tutti i compagni feriti sulla jeep e prese il posto dell'autista Paoloni ferito. Le testimonianze sono concordi nell'affermare che, avviato il motore del veicolo, chiese ad uno dei feriti meno gravi di accendergli una sigaretta, ingranando poi la marcia e conducendo il veicolo verso il più vicino posto di soccorso. Raggiunta l'astanteria, ebbe ancora la lucidità di indicare i feriti più gravi, chiedendo che venissero visitati e medicati prima di lui, nonostante stesse perdendo copiosamente sangue. Questo eroico atto di sacrificio, coronamento di una condotta militare eccezionale tenuta per tutto il conflitto, fu premiato con la Medaglia d'Oro al Valor Militare.

I superstiti del Nucleo Guastatori proseguirono l'avanzata con il Gruppo di Combattimento "Friuli" in direzione ovest parallelamente alla Via Emilia, coprendo il fianco sinistro alle truppe polacche, che liberavano Imola. Il Gruppo oltrepassò il fiume Sillaro il 16 aprile e, dopo una dura battaglia contro i tedeschi tra il 18 e il 19 aprile, occupò l'altura di Casalecchio dei Conti ed entrò la mattina del 21 aprile a Bologna con altre unità Alleate.

Decorazioni

Nel corso di quasi 16 mesi di attività operativa, l'870° Nucleo Speciale Guastatori Genio dimostrò un valore, che ebbe pochi eguali nella storia militare italiana. Con un organico che si aggirò intorno alle 50 unità, ben 18 tra ufficiali, sottufficiali e Guastatori furono decorati (alcuni anche in più di una occasione), ricevendo di ben 23 decorazioni individuali, 3 proposte di decorazione, oltre ad una decina di encomi solenni sia individuali, che di reparto, una percentuale altissima, forse unica nella storia delle nostre Forze Armate. In particolare, il Nucleo Speciale Guastatori Genio fu insignito di:

1 Medaglia d'Oro al Valor Militare;
4 Medaglie d'Argento al Valor Militare;

12 Medaglie di Bronzo al Valor Militare;
1 Promozione per Meriti di Guerra;
1 Croce di Bronzo Polacca al Valor Militare;
4 Encomi Solenni individuali in forma scritta del Comando Alleato;
1 Encomio Solenne al reparto in forma scritta del Ministero della Guerra;
2 Encomi Solenni al reparto in forma scritta del Comando Alleato;
Numerosi Encomi Solenni italiani ed alleati in forma verbale al reparto;
2 proposte per Medaglia d'Argento al Valor Militare;
1 proposta per Medaglia di Bronzo al Valor Militare[19].

Vediamo ora nel dettaglio l'Albo d'Onore del reparto.

Fronte di Anzio - Roma
Nel corso delle operazioni svolte dall'entrata in linea del Nucleo, sino alla liberazione di Roma, gli ufficiali comandanti le quattro Sezioni del Nucleo furono proposti dal Comando della V Armata per la decorazione con la Bronze Star, proposta trasformata in Encomio Solenne da concedersi in forma ufficiale per:
• Tenente Salerno Vittorio;
• Tenente Poli Emilio;
• Tenente De Sanctis Giorgio;
• Sottotenente Cangiano Roberto.

Fronte di Firenze
Durante il ciclo di combattimenti che portarono alla liberazione di Firenze, il Nucleo ricevette numerosi riconoscimenti sia Alleati, che Italiani. In particolare, l'Intero Nucleo ricevette un Encomio Solenne in forma ufficiale da parte del Ministero della Guerra italiano ed un Encomio Solenne in forma scritta da parte del Comando Americano; furono inoltre concesse, come decorazioni individuali, 4 Medaglie d'Argento al Valor Militare sul campo e 9 Medaglie di Bronzo al Valor Militare sul campo.

Medaglia d'Argento al Valor Militare sul campo per:
• Tenente De Sanctis Giorgio;
• Sottotenente Cangiano Roberto;
• Sergente maggiore Masè Rolando;
• Caporal maggiore Rubilotti Pasquale.

---

[19] Sono qui riportate le decorazioni ottenute dal Nucleo, sulla base delle relazioni stese dallo stesso Tenente De Sanctis, conservate dalla famiglia. Altre fonti (per esempio: AA.VV., "L'arma del Genio", Rivista Militare, Roma, 1991) riportano un numero di decorazioni differente:
1 Medaglia d'Oro al Valor Militare;
7 Medaglie d'Argento al Valor Militare;
11 Medaglie di Bronzo al Valor Militare;
2 Croci di Guerra al Valor Militare;
1 Promozione per Meriti di Guerra;
1 Croce di Bronzo Polacca al Valor Militare;
4 Encomi Solenni individuali in forma scritta del Comando Alleato;
2 Encomi Solenni al reparto in forma scritta italiani;
2 Encomi Solenni al reparto in forma scritta del Comando Alleato.

Medaglia di Bronzo al Valor Militare sul campo per:
• Sergente Castiglioni Angelo;
• Caporale Castellanza Ettore;
• Caporale Martinelli Giuseppe;
• Guastatore Arrigoni Francesco;
• Guastatore Besana Mario;
• Guastatore Gianni Cirillo;
• Guastatore Lori Ugo;
• Guastatore Lucherini Emilio;
• Guastatore Notaristefano Gabriele.

Fronte del Senio e liberazione di Bologna
Nel periodo durante il quale l'870° Nucleo Speciale Guastatori Genio fu aggregato al Gruppo di Combattimento "Friuli", furono concesse a militari del reparto 1 Medaglia d'Oro al Valor Militare, 3 Medaglie di Bronzo al Valor Militare sul campo, 1 Promozione per Merito di Guerra, 1 Croce di Bronzo Polacca al Valor Militare. Inoltre, furono presentate proposte per altre 2 Medaglie d'Argento al Valor Militare ed 1 Medaglia di Bronzo.

Medaglia d'Oro al Valor Militare sul campo per:
• Tenente De Sanctis Giorgio.

Medaglia di Bronzo al Valor Militare sul campo per:
• Caporal Maggiore Marchesi Ernesto;
• Caporale Boganelli Giuseppe;
• Guastatore Lucherini Emilio.

Promozione per Merito di Guerra per:
• Sergente Maggiore Zanettini Arturo.

Croce di Bronzo Polacca al Valor Militare per:
• Tenente De Sanctis Giorgio.

Proposta per la concessione di Medaglia d'Argento al Valor Militare sul campo:
• Sergente Maggiore Zanettini Arturo;
• Sergente Grandi Domenico.

Proposta per la concessione di Medaglia di Bronzo al Valor Militare sul campo per:
• Sergente Realini Angelo.

Le perdite del Nucleo
Nel corso dell'intera vita operativa, l'870° Nucleo Speciale Guastatori Genio ebbe 2 caduti e 16 feriti[20]. Benché rimasto in linea per circa un anno e mezzo, il reparto ebbe un numero limitato

---

20 Sono qui riportate le perdite del Nucleo, come indicate nelle relazioni stese dallo stesso Tenente De Sanctis, conservate

di caduti, anche rapportato al difficile e pericoloso compito operativo a cui fu chiamato ad assolvere. Questo è indubbiamente un indicatore di merito per questi arditi giovani, a dimostrazione dell'accurato grado di preparazione che avevano raggiunto e della abilità profusa nell'adempimento del proprio dovere militare.

Caduti (entrambi sul fronte di Anzio – Roma)
1. Guastatore Valenziano Mauro;
2. Guastatore Giustiniani Giuseppe.

Feriti
1. Tenente De Sanctis Giorgio (fronte del Senio – Bologna);
2. Sergente Maggiore Sariconi Romeo (fronte del Senio – Bologna);
3. Sergente Castiglioni Angelo (fronte del Senio – Bologna);
4. Sergente Cavallera Antonio (fronte di Anzio – Roma);
5. Sergente Rubilotti Pasquale (fronte del Senio – Bologna);
6. Caporal Maggiore D'Ambra Giuseppe (fronte di Anzio – Roma);
7. Caporal Maggiore Martinelli Giuseppe (fronte di Firenze);
8. Caporal Maggiore Rubinotti Pasquale (fronte di Firenze);
9. Guastatore Besana Mario (fronte del Senio – Bologna);
10. Guastatore Lentini Raffaele (fronte di Anzio – Roma);
11. Guastatore Loi Ugo (fronte del Senio – Bologna);
12. Guastatore Lucherini Emilio (fronte del Senio – Bologna);
13. Guastatore Mariotti Fernando (fronte del Senio – Bologna);
14. Guastatore Mufficoni Mario (fronte di Anzio – Roma);
15. Guastatore Notaristefano Gabriele (fronte di Firenze);
16. Guastatore Tano Giuseppe (fronte di Firenze).

L'uniforme
La situazione complessiva del Primo Raggruppamento Motorizzato era abbastanza drammatica, sia dal punto di vista del morale degli uomini che dal punto di vista del vestiario. Non disponendo di fotografie di appartenenti all'870° Nucleo Speciale Guastatori riferite al periodo in cui fu in organico alla V Armata Americana, è difficile avere indicazioni precise sulle uniformi indossate dai Guastatori nei primi mesi di vita del reparto. Si può però ipotizzare che, come per le unità inserite nel Primo Raggruppamento Motorizzato e, successivamente, nel Corpo Italiano di Liberazione, i militari italiani infatti indossassero capi in tela coloniale kaki (giubba sahariana, pantaloni e bustina, completati dalle fasce mollettiere per la truppa e stivali per gli ufficiali); questa soluzione era ma ritenuta la più idonea, in quanto il colore kaki era simile a quello delle uniformi degli Anglo - Americani, mescolati ad elementi delle vecchie uniformi in panno grigioverde, che servivano ad integrare le molte mancanze.
Con la costituzione dei Gruppi di Combattimento la situazione andò verso una standardizzazione delle uniformi, sebbene accettata di malgrado dai militari italiani, che si trovarono a dovere

---

dalla famiglia. Altre fonti (per esempio: AA.VV., "L'arma del Genio", Rivista Militare, Roma, 1991) riportano un numero di caduti e feriti differente: 3 caduti; 9 mutilati; 19 feriti.

indossare le uniformi britanniche. Si trattava in sostanza del "Battledress" inglese in panno kaki, composto da giubbetto corto in vita, pantaloni, ghette ed equipaggiamento britannico in canapa modello 1937; molto diffuso presso i Gruppi di Combattimento l'utilizzo del giubbotto senza maniche in pelle imbottita di flanella "Leather Jerkin". Copricapo utilizzato in prevalenza fu la bustina italiana modello 42 in tela kaki, con i distintivi di grado posti sul lato sinistro, ed il fregio di specialità del Genio del Regio Esercito. Il Tenente De Sanctis indossa, in tutte le fotografie che lo ritraggono, il basco britannico kaki, con, curiosamente, un fregio in lamierino metallico, raffigurante il brevetto da braccio dei Guastatori. L'elmetto distribuito ai militari dei Gruppi di Combattimento era inglese, MK II, sul quale, spesso, era stampigliato il fregio di specialità in nero. Quale distintivo di nazionalità fu ideato un tricolore rettangolare, tipo "shoulder-flash", da portare sulla manica sinistra; nel terzo bianco del tricolore si trovava il simbolo di ciascun Gruppo di Combattimento in blu scuro o in nero: il "Friuli" recava il castello di Udine. I tricolori per i Gruppi furono realizzati nei materiali più disparati, stoffa, bakelite, alluminio smaltato, ottone; anche le dimensioni potevano differire. Infine, sono stati rinvenuti alcuni esemplari metallici del tricolore del "Friuli" non con forma rettangolare, a scudo sannitico, anche se non è chiaro se siano post-bellici.

Le mostreggiature non mutarono: furono indossate al bavero le mostrine pre-armistiziali proprie dei reparti di appartenenza, con le stellette metalliche: i Guastatori del Nucleo avevano le fiamme nere ad una punta, bordate di cremisi del Genio.

I distintivi di specialità ed i brevetti già in uso prima dell'Armistizio furono ancora utilizzati, indossati nelle posizioni consuete. Fino alla fine del 1944 i gradi per gli ufficiali rimasero invariati e posizionati nel modo usuale sui paramani della giubba, ma una disposizione del 31 marzo 1945 imponeva di unificare la posizione dei gradi, che andavano conseguentemente apposti sulle controspalline della giubba, utilizzando un sistema di identificazione basato su stelle e barrette dorate.

Un documento del 18 gennaio 1945 del Quartier Generale del 1° I.C.U. segnala che il Tenente De Sanctis era stato autorizzato ad indossare l'uniforme americana, in quanto distaccato presso lo stesso Quartier Generale, con gli appositi distintivi previsti per il personale Cobelligerante in servizio con le Forze Armate Americane.

▲ Genieri del Gruppo di Combattimento "Friuli" a colloquio con il Generale Scattini, comandate del Gruppo di Combattimento (da "Il Gruppo di Combattimento Friuli nella Guerra di Liberazione").

▲ Un'altra immagine scattata nella stessa occasione della precedente. Il Generale Scattini volle congratularsi personalmente con il personale del Battaglione Misto Genio e con i Guastatori dell'870° Nucleo Speciale Guastatori per il brillante comportamento tenuto durante le prime fasi dello sfondamento della linea del Senio (da "Il Gruppo di Combattimento Friuli nella Guerra di Liberazione").

▲ La prima passerella gittata sul Senio dai genieri del Gruppo "Friuli" (da "Il Gruppo di Combattimento Friuli nella Guerra di Liberazione").

▼Il comandante del Gruppo "Friuli" si dirige verso Riolo dei Bagni insieme ad altri alti ufficiali, attraversando il fiume Senio sulle passerelle gettate dal Battaglione Misto Genio del "Friuli" (da "Il Gruppo di Combattimento Friuli nella Guerra di Liberazione").

▲ Un momento di pausa durante i durissimi scontri per lo sfondamento della difesa del fiume Senio. In primo piano un Geniere del CXX Battaglione Misto Genio del Gruppo di Combattimento "Friuli" (da "Il Gruppo di Combattimento Friuli nella Guerra di Liberazione").

▼ Tricolore rettangolare metallico, tipo "shoulder-flash", portato sulla manica sinistra dai militari del Gruppo di Combattimento "Friuli" con il simbolo rappresentante il castello di Udine in blu scuro.

IL GRUPPO DI COMBATTIMENTO "FRIULI"
a cura di Luigi Manes

Il 30 agosto 1944, con la conquista di Urbino, si concludeva l'esperienza del Corpo Italiano di Liberazione. Le truppe cobelligeranti si erano ben disimpegnate lungo il difficile cammino iniziato a Montelungo[21] tra varie difficoltà, sia di natura materiale, considerata la preoccupante penuria di mezzi, sia di ordine morale, soprattutto a causa dell'iniziale diffidenza manifestata in alcuni ambienti alleati nei confronti dei militari italiani. I Gruppi di Combattimento, nuovi reparti costituiti nella seconda metà del 1944, chiamati a proseguire la lotta contro i tedeschi secondo le intenzioni dello Stato Maggiore italiano, furono equipaggiati ed addestrati a cura degli Alleati. Il Gruppo di Combattimento "Friuli" traeva le proprie origini dalla 20ª Divisione fanteria "Friuli". Schierata sul confine italo-francese fin dal 1940, senza tuttavia essere impegnata in combattimenti, l'unità partecipò in seguito alla campagna contro la Jugoslavia, scattata nell'aprile del 1941. Dal 20 novembre 1942 la "Friuli" fu impiegata con compiti di presidio in Corsica ove, dopo l'8 settembre 1943, insieme a un'altra formazione del Regio Esercito, la 44ª Divisione fanteria "Cremona"[22] e alle truppe francesi della 4ª Divisione Marocchina da montagna, si batté contro i tedeschi. La lotta, dall'esito vittorioso, si protrasse fino al 4 ottobre e costò alla "Friuli" 97 morti e 198 feriti. Distaccata in Sardegna nel novembre 1943, la Divisione fu costretta a lasciare buona parte delle armi e dei mezzi, persino i muli, nonché vari reparti, a disposizione dei francesi. Molti soldati della "Friuli" furono inoltre trasferiti nella zona di Foggia per essere utilizzati in lavori agricoli. Lunghi mesi trascorsero fino a quando, nel luglio 1944, l'unità, prescelta per continuare la guerra di Liberazione a fianco degli Alleati anche in virtù dei propri trascorsi in terra di Corsica, salpò per approdare a Napoli e poi stabilirsi a San Giorgio del Sannio (BN). Il 10 settembre la "Friuli" fu ridenominata come Gruppo di Combattimento. Tale termine, da alcuni ritenuto più appropriato di quello originario in virtù della minore dimensione assunta dall'unità a seguito del riordinamento, rifletteva in realtà motivazioni di carattere politico: gli Alleati, non desiderando esaltare eccessivamente il contributo italiano alla guerra contro la Germania, attribuirono alle nuove formazioni cobelligeranti una denominazione differente da quella di Divisione. Il 21 ottobre il Generale di Brigata Arturo Scattini prese il posto di Bartolomeo Pedrotti[23] al comando del Gruppo. Alla nuova unità furono assegnati due battaglioni di Granatieri, autentici eredi delle tradizioni della disciolta Divisione "Granatieri di Sardegna", i quali andarono a formare i terzi Battaglioni dei due Reggimenti di fanteria. Come previsto, al vestiario, alle armi individuali e di reparto, alle artiglierie e ai mezzi provvidero interamente gli Alleati[24], i quali ritennero che

---

21 La cobelligeranza italiana a fianco degli Alleati ebbe inizio l'8 dicembre 1943, con l'impiego del Primo Raggruppamento Motorizzato a Montelungo, nel Casertano.
22 Divisione di Fanteria trasformata in Gruppo di Combattimento sotto la data del 25 settembre 1944. Il "Cremona" fu il primo Gruppo di Combattimento italiano a entrare in linea.
23 Il 3 febbraio 1944 il generale di Brigata Bartolomeo Pedrotti aveva sostituito il pari grado Ugo De Lorenzis al comando dell'unità.
24 I Gruppi di Combattimento furono in massima parte dotati di materiali di origine britannica, canadese e statunitense. Un elenco, ancorché non esaustivo e limitato ai mezzi e alle artiglierie, comprende, accanto alle onnipresenti Jeep, autocarri Bedford, Dodge e "Canadian Military Pattern", trattori di artiglieria ruotati Morris e cingolati Loyd, cingolette blindate Universal Carrier e Mortar Carrier (queste ultime per il trasporto dei mortai da 76 mm), "cannoni-obici" da 88/27, cannoni controcarro da 57/50 (6 libbre) e da 76/55 (17 libbre), cannoni contraerei Bofors da 40/56. I britannici classificavano le boc-

fosse inoltre necessario aggregare a ciascun Gruppo di Combattimento un nucleo di collegamento formato da ufficiali britannici, denominato B.L.U. (British Liason Unit), incaricato di affiancare i comandi. Gli ufficiali dei Gruppi non mancarono di lamentare un'eccessiva interferenza da parte dei colleghi britannici, la cui azione di controllo, in alcuni casi, parve condizionare oltremisura l'autonomia decisionale dei comandi italiani. L'addestramento del "Friuli" cominciò presto, sotto la supervisione di istruttori britannici presenti nei vari reparti che costituivano l'unità. Nel corso dell'ultima decade del novembre 1944, 3 colonne autocarrate del Gruppo, denominate "Roma", "A" e "B", lasciarono il Sannio per dirigersi verso la zona del Chianti e acquartierarsi in un'area compresa tra le province di Arezzo e Siena. La colonna "Roma" ebbe anche l'onore di sfilare nella capitale il 24 novembre tra l'entusiasmo della folla. Finalmente, terminato l'addestramento, il 24 gennaio 1945 giunse l'ordine di muovere verso Forlì, in direzione del fronte, per prendere contatto con la 5ª Divisione di fanteria polacca "Kresowa" e la Brigata partigiana italiana "Maiella"[25]. L'8 febbraio il "Friuli" cominciò le operazioni di sostituzione in linea dei suddetti reparti schierandosi nel settore di Brisighella (RA), importante dal punto di vista strategico perché posto a diretta protezione della Valle del Lamone. Di fronte al Gruppo, il nemico occupava una porzione del territorio che si estendeva tra il torrente Senio e il fiume Santerno. Il "Friuli", temporaneamente assegnato al V Corpo Britannico (Generale Keightley), passò già il 12 febbraio alle dipendenze del II Corpo Polacco (Generale Anders). In quello stesso giorno, si registrarono i primi scontri di una certa rilevanza con i tedeschi, il cui principale intento era quello di saggiare consistenza e reattività delle truppe italiane. Queste scaramucce tra opposte pattuglie, talvolta dall'esito piuttosto cruento, continuarono per diverso tempo. La prima iniziativa offensiva italiana ebbe luogo il 24 febbraio, quando nel corso della notte, gli uomini dell'88° Reggimento fanteria riuscirono ad occupare un'importante posizione sulla quale si ergeva un fabbricato, Quota 92, situata a breve distanza dal ponte che conduceva all'abitato di Riolo dei Bagni (RA), dall'altra parte del Senio, e a conseguire il possesso di un altro edificio tatticamente rilevante, Casa Derchia. Insieme al caposaldo di Villa Zacchia, cardine dello schieramento avanzato italiano, Quota 92, sulla sinistra, costituiva una seria minaccia per i tedeschi. Ai primi di marzo giunse in linea la 4ª Divisione tedesca Paracadutisti[26]. Durante la notte del 6 marzo, i Fallschirmjäger germanici mossero in avanti con obiettivo finale Villa Zacchia, raggiungibile solo dopo aver conseguito il controllo delle posizioni di Quota 92 e di Rio Manzolo, ai lati del principale caposaldo italiano. Il tentativo fu stroncato dalla pronta reazione dei difensori, in seguito coadiuvata dall'artiglieria e dai mortai del "Friuli" che con il loro intervento complicarono non poco la ritirata degli assalitori. L'11 marzo il Gruppo fu assegnato al X Corpo Britannico (Generale Hawkesworth). Neanche tre giorni dopo, alle 23,50 del 14 marzo, durante il cambio del presidio, i tedeschi riuscirono con un colpo di mano a impadronirsi dell'avamposto di Quota 92. Il contrattacco italiano non si fece tuttavia attendere e la preziosa posizione fu ripresa il giorno successivo da elementi dell'88° Reggimento, con il decisivo contributo di una

---

che da fuoco non secondo il calibro (diametro interno dell'anima) e la loro lunghezza rispetto ad esso ma in base al peso del proietto sparato (espresso in libbre).

25 Formazione partigiana abruzzese costituita su iniziativa dell'avvocato Ettore Troilo. Risalì la penisola combattendo a fianco degli Alleati fino alla liberazione di Asiago. La bandiera della Brigata "Maiella" fu decorata con medaglia d'Oro al Valor Militare.

26 Nel corso del proprio ciclo operativo, il Gruppo di Combattimento "Friuli" ebbe modo di affrontare elementi di due Divisioni tedesche Paracadutisti, la 1a e la 4a.

compagnia di Granatieri. Una volta consolidato il possesso di Quota 92, il comando di Gruppo decise che era giunto il momento di spostare in avanti, sino al corso del torrente Senio, la linea dei capisaldi avanzati. L'operazione offensiva, denominata "Ischia", si sarebbe concretata nell'occupazione di vari edifici nei pressi dello Stabilimento Idroterapico, situato a sud del torrente e antistante all'abitato di Riolo dei Bagni. I fabbricati in questione erano stati precedentemente impiegati dai tedeschi come punti d'appoggio dai quali muovere per sferrare attacchi contro le postazioni italiane. Il 25 marzo, dopo una precisa preparazione di artiglieria, i soldati del "Friuli" riuscirono a occupare quasi tutti gli obiettivi assegnati, ad eccezione di un gruppo di case situate su Quota 106, un caposaldo a meridione dello Stabilimento Idroterapico che consentiva di dominare un importante passaggio sul Senio. Il 29 marzo arrivò l'ordine di costituire una testa di ponte al di là del torrente Senio, tra gli abitati di Riolo e Cuffiano, al fine di agevolare l'avanzata in profondità di diverse unità alleate schierate in altri settori del fronte. L'operazione, battezzata "Pasqua", prese il via alle ore 4,30 del 10 aprile. Quota 106 venne finalmente raggiunta e occupata; sulla destra, la Brigata Ebraica[27] registrò importanti successi contro i tedeschi a Cuffiano. A settentrione del Senio, non lontano da Cuffiano, si trovava Casa Guarè, un fabbricato rurale che fungeva da ricovero e principale caposaldo dello schieramento tedesco. La casa colonica, protetta da postazioni adeguatamente fortificate e collegate tra loro, cadde in mani italiane alle 3,15 dell'11 aprile. Subito dopo fu liberata anche Riolo. I tedeschi si videro infatti costretti a ripiegare per conservare l'integrità del proprio fronte, minacciato in vari punti anche dalle progressioni di altre formazioni alleate. Dopo la presa di Riolo, il settore di competenza del "Friuli" venne suddiviso in due principali sottosettori reggimentali, entrambi caratterizzati dalla presenza di un solo battaglione in primo scaglione: quello di destra, affidato all'87° Reggimento, si trovava a contatto con le truppe del II Corpo polacco, quello di sinistra, demandato all'88° Reggimento, era in stretto collegamento con i reparti del Gruppo di Combattimento "Folgore"[28]. Superata anche la resistenza germanica sul fiume Santerno, il "Friuli", dopo aver collaborato alla liberazione di Imola avvenuta il 14 aprile ad opera dei polacchi, proseguì l'inseguimento del nemico lungo la SS9 (Via Emilia). L'avanzata di Fanti e Granatieri fu contrastata da azioni ritardatrici condotte in corrispondenza di ostacoli naturali come i corsi d'acqua. I tedeschi cercarono di bloccare la marcia del "Friuli" sul torrente Sellustra, sul fiume Sillaro, a Castel San Pietro (BO). Strenua fu l'opposizione del nemico sul torrente Gaiana, raggiunto dagli italiani il 17 aprile in serata. I due maggiori capisaldi tedeschi presenti sulla direttrice di avanzata del Gruppo erano situati a Casalecchio dei Conti e, più a nord, a Palazzo Coccapane (nelle vicinanze di Castel San Pietro). I Granatieri del III Battaglione, 88° Reggimento fanteria, riuscirono a progredire nella zona di Casalecchio anche grazie alla brillante azione dei Paracadutisti del Gruppo di Combattimento "Folgore", impegnati più a sinistra in località Case Grizzano[29]. La notte del 21 aprile l'87° Reggimento riuscì infine a costituire una testa di ponte sul torrente Idice,

---

[27] Unità formata da militari ebrei provenienti dalla Palestina e da altri possedimenti britannici ma anche dalla Polonia e dalla Russia, equipaggiata dall'esercito britannico. Era comandata dal generale di Brigata canadese di origine ebraica Ernest Frank Benjamin.
[28] Costituito con la trasformazione della Divisione Paracadutisti "Nembo" nel settembre 1944, comprendeva anche i Marinai del reggimento "San Marco".
[29] Case Grizzano fu teatro di un duro scontro tra Paracadutisti: da un lato quelli italiani del reggimento "Nembo", Gruppo di Combattimento "Folgore", dall'altro i Fallschirmjäger della 1a Divisione tedesca, soprannominati "Diavoli Verdi", che avevano combattuto a Montecassino.

immediatamente a sud della Via Emilia. La via verso nord era ormai libera. Nelle prime ore del mattino, festosamente accolti dalla popolazione, elementi del I Battaglione, 87° Reggimento, entrarono in Bologna insieme ad Alpini, Bersaglieri e Arditi del Gruppo di Combattimento "Legnano[30]", ai partigiani della Brigata "Maiella" e ad unità statunitensi e polacche. Con la liberazione del capoluogo emiliano il ciclo operativo del "Friuli" si concluse. Il tributo pagato dall'unità alla Guerra di Liberazione ammonta a 242 morti (11 ufficiali), 657 feriti (53 ufficiali), 61 dispersi. I caduti del Gruppo di Combattimento "Friuli" riposano nel cimitero di guerra di Zattaglia, frazione di Casola Valsenio (RA).

Il CXX Battaglione Misto Genio del Gruppo di Combattimento "Friuli"

Al termine dei combattimenti contro i tedeschi in Corsica, il CXX Battaglione Misto Genio, inquadrato nella 20ª Divisione fanteria "Friuli", era costituito da 1 Compagnia Artieri, 1 Compagnia Marconisti e 1 Sezione Fotoelettricisti. Il reparto fu in seguito sottoposto a riordinamento in conformità a quanto stabilito per la trasformazione della Divisione in Gruppo di Combattimento e riorganizzato su 2 Compagnie Artieri, la 5ª e la 52ª e 1 Compagnia Teleradio, la 20ª. Sulla carta, il Battaglione Misto Genio di un Gruppo di Combattimento era formato da 23 ufficiali e 797 sottufficiali e truppa. Questi uomini si avvalevano, oltre che delle proprie armi individuali, anche di 2 mortai da 2 pollici (50,8 mm), di 18 lanciagranate anticarro PIAT (Projector Infantry Anti-Tank) e di un buon numero di veicoli, prevalentemente autocarri, jeep e motociclette. La Compagnia Artieri, formata da Plotone Comando e 3 Plotoni Artieri, era incaricata dello svolgimento di diverse attività, tra le quali, l'esecuzione di lavori diretti all'interruzione di ponti e al recupero degli esplosivi e di ogni altro materiale impiegato in tali operazioni, la sistemazione di ponti danneggiati, la costruzione e lo smantellamento di ponti di circostanza in legno, l'assemblaggio, il gittamento e il ripiegamento di ponti "Bailey[31]", il gittamento e il successivo recupero di passerelle galleggianti, il ripristino delle strade, la realizzazione e la manutenzione dei punti di accesso ai ponti e degli allacciamenti stradali, l'apposizione della segnaletica stradale. Questi militari erano anche preposti alla posa di campi minati, alla neutralizzazione delle mine e all'apertura di varchi nei campi minati realizzati dal nemico nonché all'individuazione di itinerari e guadi percorribili in sicurezza. Nell'ambito delle Compagnie Artieri furono talvolta costituiti plotoni cercamine e passerelle ad hoc, allo scopo di affrontare con maggiore efficacia particolari situazioni contingenti. Gli Artieri, soprattutto gli ufficiali, effettuavano inoltre ricognizioni del terreno in collaborazione con la fanteria. La Compagnia Teleradio era costituita da 1 Plotone Teleradio per il Comando di Gruppo, 2 Plotoni Teleradio per i Reggimenti di fanteria (1 per ogni Reggimento) e 1 Plotone Teleradio per il Reggimento di artiglieria. I principali compiti della Compagnia Teleradio consistevano nell'allestimento dei collegamenti radio tra Comando di Gruppo e Comandi di Reggimento e Battaglione e nella realizzazione di reti a filo. Anche i collegamenti per mezzo di staffette tra i comandi e le truppe in movimento erano di responsabilità della Compagnia Teleradio. L'organico del CXX Battaglione Misto Genio fu completato con la 181ª Sezione Tecnica Collegamenti, ottenuta per mezzo della conversione della 13ª Officina Autocarreggiata, e con

---

30 Costituito il 24 settembre 1944 a Piedimonte d'Alife (località in provincia di Caserta, nota dal 1970 con la denominazione di Piedimonte Matese) agli ordini del generale Umberto Utili, già comandante del Primo Raggruppamento Motorizzato e del Corpo Italiano di Liberazione.
31 Si trattava di ponti logistici costituiti da elementi modulari, essenzialmente in legno e acciaio, suscettibili di essere assemblati e smantellati con grande rapidità. Furono ideati dall'ingegnere britannico Donald Bailey.

la 1ª Compagnia Parco Campale[32]. Nell'ambito del Gruppo di Combattimento, la Compagnia Parco Campale si occupava del trasporto del materiale da ponte, del prelievo dai depositi di materiale vario del Genio da distribuire ai diversi reparti, della costruzione di attrezzature utili per le attività del Genio, della realizzazione di impianti igienici, di contenitori per rifiuti, di cisterne per lo stoccaggio di acqua, della predisposizione di magazzini per materiali vari, della riparazione degli impianti elettrici delle macchine del reparto. Anche i Genieri del "Friuli" furono sottoposti, come tutte le altre componenti del Gruppo, ad addestramento da parte degli istruttori britannici. Il 9 dicembre 1944, il Tenente Colonnello in Servizio Permanente Effettivo Florio Del Prete assunse il comando del Battaglione, sostituendo il Maggiore Tanzarella. Il 4 febbraio 1945, nell'imminenza dell'ingresso in linea, il comandante del V Corpo Britannico, Generale Keightley, passò in rassegna i reparti del Gruppo a Forlì, tra i quali anche la 5ª Compagnia Artieri, schierata in rappresentanza del CXX Battaglione Misto Genio[33]. Nei giorni seguenti il Genio del "Friuli" completò i movimenti verso la zona d'impiego: il 7 febbraio, la 52ª Compagnia Artieri si sistemò a Brisighella, la 5ª si trasferì anch'essa nella medesima area, esattamente a Fognano. L'8 febbraio anche il Comando di Battaglione e la 20ª Compagnia Teleradio si accantonarono a Brisighella, raggiunte il giorno successivo dalla 181ª Sezione Tecnica Collegamenti e dalla 1ª Compagnia Parco Campale. Il 18 febbraio, il Luogotenente Generale del Regno d'Italia, Umberto II di Savoia, si recò presso il Gruppo, visitando anche il Genio. Terminata la prima fase operativa, connotata da attività di ricognizione e improntata alla difesa, il comandante del "Friuli", Generale Scattini, decise di dare il via alle prime azioni offensive, precedute da una meticolosa opera di ricognizione e bonifica del terreno affidata a pattuglie avanzate assistite dai Genieri. Dal 17 al 19 marzo, i Genieri del Gruppo furono impegnati, anche durante le ore notturne, nella posa di un campo minato a protezione del caposaldo situato a Quota 92, ormai saldamente tenuto dagli italiani. Il 24 marzo, lo stesso giorno in cui l'870° Nucleo Speciale Guastatori fu aggregato al CXX Battaglione Misto Genio, un plotone della 52ª Compagnia Artieri si preparò a stendere cortine fumogene per celare alla vista del nemico le fanterie del Gruppo impegnate nell'operazione "Ischia". L'azione di occultamento, da compiersi nella notte sul 25 marzo, fu però annullata. Il giorno successivo, un altro plotone Artieri fu impiegato in linea per l'esecuzione di lavori atti a favorire l'avanzata della fanteria in direzione degli obiettivi situati presso lo Stabilimento Idroterapico di Riolo dei Bagni. Nel corso dell'offensiva, alcuni Artieri della 52ª Compagnia si distinsero nella difesa di un posto avanzato, permettendo così ai Fanti di ripiegare temporaneamente per trasportare i feriti ai luoghi di pronto soccorso. A partire dal 30 marzo, i Genieri posarono dei campi minati nell'intento di ostacolare eventuali sortite del nemico e proteggere i capisaldi avanzati del Gruppo. L'8 aprile, con l'Operazione "Pasqua" ormai imminente, fu ordinato di rinforzare ogni battaglione di fanteria con un plotone Artieri e un plotone Guastatori. In quel periodo, i lavori del Genio furono anche diretti al miglioramento delle vie di comunicazione: l'11 aprile un plotone della 5ª Compagnia Artieri rendeva transitabile la rotabile che da Zattaglia conduceva alla confluenza del Rio Ferrato con il torrente Senio. Un altro plotone misto del Genio, formato da elementi della 5ª e della 52ª Compagnia, dislocato presso il Battaglione

---

[32] Passata il 17 marzo 1945 alle dipendenze del Gruppo di Combattimento "Folgore" per ordine del 50° Nucleo britannico di collegamento.
[33] È interessante osservare che nei diari e nei documenti ufficiali del Gruppo di Combattimento "Friuli", il reparto viene di solito riportato semplicemente come Battaglione Misto Genio, tralasciando il numero ordinale CXX.

Granatieri dell'88° Reggimento Fanteria, aprì invece dei varchi nei campi minati germanici. Il 14 aprile le due Compagnie Artieri rimossero le passerelle e i traghetti sistemati sul torrente Senio nella notte sul 10 per consentire il passaggio delle fanterie. Il Genio del Gruppo agì in diverse circostanze sotto il fuoco nemico, in balia dei tiri dell'artiglieria e dei mortai. Per di più, l'insidia rappresentata dalle mine era costantemente presente. A tale riguardo valgano come esempio i tragici fatti del 20 aprile, quando il Tenente Beccari, Geniere distaccato con compiti di ricognizione del terreno presso l'87° Reggimento, fu ferito dalla deflagrazione di un ordigno. La jeep sulla quale viaggiava l'ufficiale saltò in aria, l'autista del mezzo, Caporal Maggiore del Genio Osvaldo Nazzari, perse la vita. Il Geniere Alfonso, che accompagnava Beccari, fu anch'esso gravemente ferito. Quel giorno altri 4 Genieri caddero nel corso di lavori di bonifica. Dopo l'ingresso in Bologna del "Friuli", cessato l'impiego in linea, gli uomini del CXX Battaglione Misto Genio proseguirono alacremente nell'opera di disattivazione delle mine, resero praticabili numerose strade, perfezionarono i collegamenti radio e telefonici tra i comandi e le sottounità del Gruppo.

Ordine di battaglia del Gruppo di Combattimento "Friuli"

• Comando Gruppo di Combattimento "Friuli" – Generale Arturo Scattini
o 2 Sezioni Carabinieri Reali
o 50° Nucleo britannico di collegamento
• 87° Reggimento Fanteria:
o Compagnia Comando Reggimentale
o I Battaglione Fanteria
o II Battaglione Fanteria
o III Battaglione Granatieri
o Compagnia Mortai da 76
o Compagnia Cannoni da 57/50 (6 libbre)
• 88° Reggimento Fanteria:
o Compagnia Comando Reggimentale
o I Battaglione Fanteria
o II Battaglione Fanteria
o III Battaglione Granatieri
o Compagnia Mortai da 76
o Compagnia Cannoni da 57/50 (6 libbre)
• 35° Reggimento Artiglieria:
o I Gruppo da 88/27 (25 libbre)
o II Gruppo da 88/27 (25 libbre)
o III Gruppo da 88/27 (25 libbre)
o IV Gruppo da 88/27 (25 libbre)
o V Gruppo controcarro da 76/54 (17 libbre)
o VI Gruppo contraerei da 40/56
• CXX Battaglione Misto Genio:
o Compagnia Comando

o 5ª Compagnia Artieri
o 52ª Compagnia Artieri
o 20ª Compagnia Teleradio
o 1ª Compagnia Parco Campale
o 181ª Sezione Tecnica Collegamenti
o 870° Nucleo Speciale Guastatori Genio (dal 24 marzo 1945)
• Servizi:
o 26ª Sezione di Sanità
o 2 Ospedali da campo
o Compagnia Trasporti e Rifornimenti
o Deposito mobile materiali Artiglieria e Genio (in seguito ridenominato Parco Mobile A.G.A.)
• Officine meccaniche

▲ Il comandante del V Corpo Britannico, generale Charles F. Keightley (primo da destra), passa in rassegna le truppe del Gruppo di Combattimento "Friuli". Dietro di lui (secondo da destra), il generale Arturo Scattini. Forlì, 4 febbraio 1945 (da "Il Gruppo di Combattimento Friuli nella Guerra di Liberazione").

▲ Il Capo del Governo del Regno d'Italia, Ivanoe Bonomi (in piedi su una Jeep in dotazione all'unità cobelligerante), tiene un discorso ai reparti del Gruppo "Friuli". Sulla destra, appoggiato al veicolo, il Ministro della Guerra Alessandro Casati. Brisighella, 11 marzo 1945 (da "Il Gruppo di Combattimento Friuli nella Guerra di Liberazione").

▼ Un sergente maggiore del Gruppo di Combattimento "Friuli" impegnato nella manutenzione della propria arma, un mitra Thompson (da "Il Gruppo di Combattimento Friuli nella Guerra di Liberazione").

▲ Autocarro adibito a Posto di Comando mobile utilizzato dal Generale Scattini e conservato presso il Museo di Piana delle Orme a Latina (Tonioli).

▲ Il Generale Scattini insieme ai Granatieri del III Battaglione "Granatieri di Sardegna" dell'87° Reggimento del Gruppo di Combattimento "Friuli" nell'aprile 1945, alla vigilia dell'offensiva di primavera (da "Il Gruppo di Combattimento Friuli nella Guerra di Liberazione").

▼ Un'altra immagine dei Granatieri del "Friuli" a Riolo dei Bagni (RA) l'11 aprile 1945 (da "Il Gruppo di Combattimento Friuli nella Guerra di Liberazione").

DOCUMENTI

Encomio solenne del Comando Americano, ricevuto dal Tenente De Sanctis al termine delle operazioni svolte durante la liberazione di Roma, datato 14 ottobre 1944.

Traduzione:

ESERCITO DEGLI STATI UNITI
QUARTIER GENERALE PER LE OPERAZIONI IN NORD AFRICA
ENCOMIO PER MERITI DI SERVIZIO
A tutti coloro a cui potrebbe interessare
Giorgio De Sanctis
Ha ricevuto un encomio ufficiale e lode per l'eccezionale prestazione di servizio.
ELOGIO

Come comandante di un plotone di genieri d'assalto italiani assegnato ad un Intelligence Assault Force per XXX a Roma, il Tenente Giorgio De Sanctis, 870° Nucleo Guastatori, Esercito Italiano, gli fu assegnata la missione di assicurare la sicurezza di un largo settore operativo e dei suoi obiettivi. Dopo avere contribuito con abilità alla fase di pianificazione, raccogliendo e mappando le informazioni della distribuzione delle mine a Roma, il Tenente De Sanctis entrò a Roma per bonificare zone segnalate come intensamente minate e quindi preparare aree di accampamento per le Forze Armate Alleate che occupavano Roma. Il Tenente De Sanctis dimostrò un inusuale spirito d'iniziativa, energia e conoscenze professionali nel raggiungere il successo di una difficile missione.

Per ordine del Tenente generale DEVERS:

H.V. Roberts
colonnello A.G.D.
Aiutante Generale

(Archivio famiglia De Sanctis)

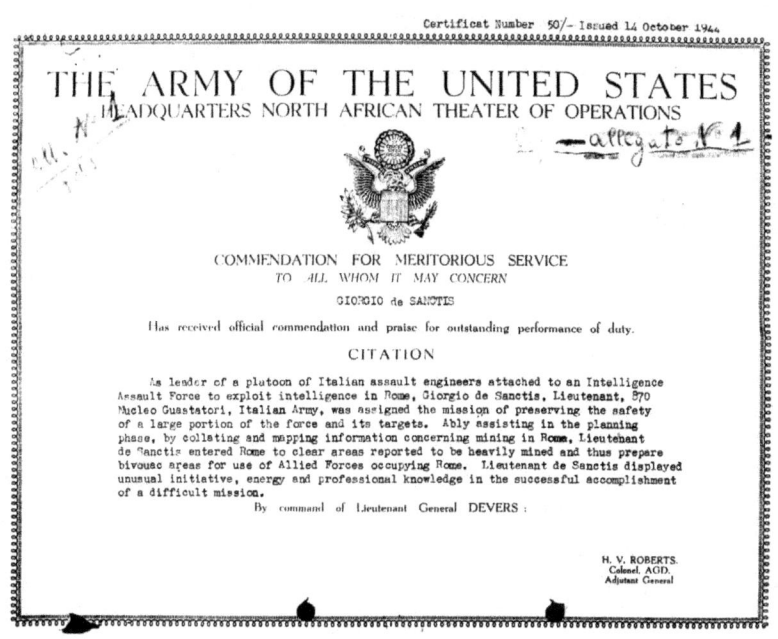

Tesserino di riconoscimento del Tenente De Sanctis (indicato erroneamente come sottotenente nel tesserino), rilasciato dall'Initial Control Unit n°1 della V Armata Americana.

(Archivio famiglia De Sanctis)

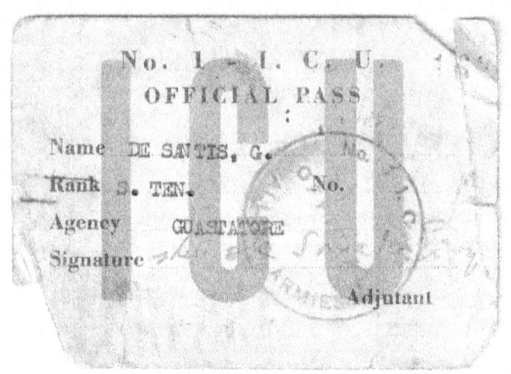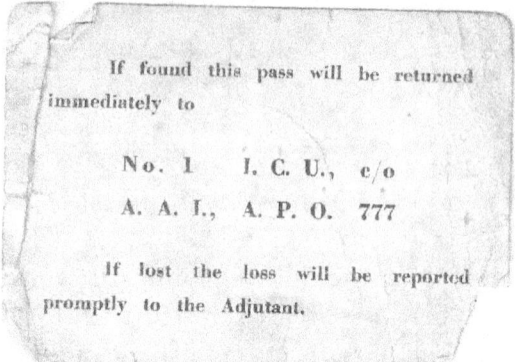

Tesserino dell'Esercito Americano per la distribuzione razionata di alimenti, prodotti per la pulizia e la toeletta ed articoli di piccola cartoleria, destinato alle Forze Armate. Il tesserino, nominale per Giorgio De Sanctis, aveva validità di due mesi (in questo caso da marzo ad aprile 1944).

(Archivio famiglia De Sanctis)

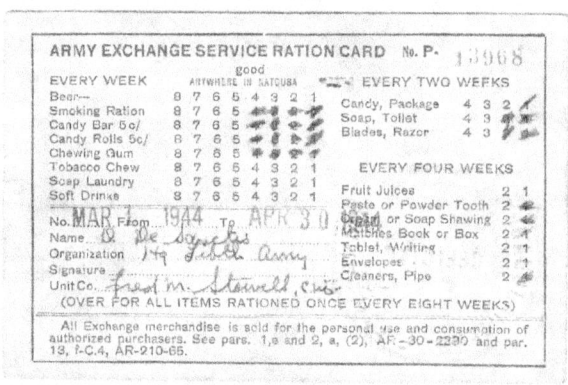

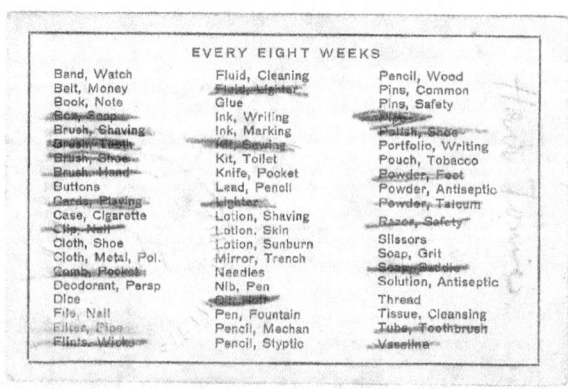

Documento del 18 gennaio 1945 del Quartier Generale del 1° I.C.U. che segnala che il Tenente De Sanctis era stato autorizzato ad indossare l'uniforme americana, in quanto distaccato presso lo stesso Quartier Generale, con gli appositi distintivi previsti per il personale Cobelligerante in servizio con le Forze Armate Americane.

Traduzione:
QUARTIER GENERALE
INITIAL CONTROL UNIT N°1
Presso QUARTIER GENERALE DEL XV GRUPPO D'ARMATE
APO 777 – ESERCITO AMERICANO

ICU/XYZ/13
18 gennaio 1945
SOGGETTO: Uniforme indossata.
PER: TUTTI COLORO A CUI POTREBBE INTERESSARE

Il Sottotenente Di Sanctis, 870° Nucleo Speciale, Guastatori del Genio, è distaccato presso questo Quartier Generale per compiti amministrativi ed è stato autorizzato ad indossare l'uniforme dell'Esercito degli Stati Uniti con gli appropriati distintivi come riportato nella IV Sezione, Circolare NATOUSA n° 9, con oggetto: "Insegne e distintivi per il Personale Militare delle Nazioni Cobelliganti, che servono nelle Forze Armate degli Stati Uniti", datata luglio 1944 e la Circolare NATOUSA n° 24, con oggetto: "Uniformi e distintivi", datata gennaio 1944.

THOMAS G. JOUNG, JR.,
Tenente Colonnello G.S.C.,
Comandante.

(Archivio famiglia De Sanctis)

ICU/XYZ/13
18 January 1945

SUBJECT: Wearing of Uniform.

TO : WHOM IT MAY CONCERN.

Sottotenente Di Sanctis, 870 Nucleo Speciale, Guastatori del Genio, is attached to this Headquarters for administration and has been permitted to wear U.S. Army uniform with appropriate identification as provided in Section IV, NATOUSA Circular No. 90, Subject: "Insignia and Identification for Military Personnel of Allied or Cobelligerent Nations Serving with U.S. Armed Forces", dated July 1944, and NATOUSA Circular No. 24, Subject: "Uniform and Insignia", dated January 1944.

THOMAS G. YOUNG, JR.,
Lt. Colonel, G.S.C.,
Commanding.

Lettera di Encomio firmata dal Tenente Colonnello Thomas G. Young, comandante dell'I.C.U n°1, datato 8 febbraio 1945, diretta direttamente al Tenente De Sanctis, nella quale ricorda, con commozione, l'ottimo servizio svolto da lui personalmente e da tutto il Nucleo, durante i mesi trascorsi con la V Armata Americana.

Traduzione:
QUARTIER GENERALE
INITIAL CONTROL UNIT N°1
Presso QUARTIER GENERALE DEL XV GRUPPO D'ARMATE
APO 777 – ESERCITO AMERICANO

ICU/XYZ/2

8 febbraio 1945

SOGGETTO: Encomio.
PER: Sottotenente Giorgio De Sanctis
870° Nucleo Speciale, Guastatori Genio

La vostra unità è stata assegnata al mio Comando per un anno, ed è con grande rammarico che contemplo la vostra partenza. Vorrei scrivere una lettera separata personale a ciascuno di voi, ma tu ed i tuoi commilitoni siete stati così uniti nell'esecuzione energica, impavida e allegra in compiti a volte pericolosi, a volte tristi a voi, che forse è meglio per tutti ricevere la stessa lettera.

Sei stato un soldato buono e coraggioso, e qualunque Esercito nel mondo dovrebbe essere orgoglioso di annoverarti tra i suoi migliori. Per favore accetta il mio apprezzamento riconoscente per il tuo servizio e confida che possiamo incontrarci ancora per altre e più grandi avventure in pace o in guerra.

THOMAS G.YOUNG, JR.,
Tenente Colonnello G.S.C.,
Comandante.

(Archivio famiglia De Sanctis)

HEADQUARTERS
No. 1 INITIAL CONTROL UNIT
c/o HQ., FIFTEENTH ARMY GROUP
APO 777 - U. S. ARMY

ICU/XYZ/2
8 February 1945

SUBJECT: Commendation.

TO : **Sottotenente Giorgio de Sanctis.**
870 Nucleo Speciale, Guastatori del Genio.

      Your unit has been attached to my command for one year, and it is with great regret that I contemplate your departure. I should like to write a separate personal letter to each of you, but you and your comrades have been so uniform in the energetic, fearless and cheerful performance of the sometimes dangerous, sometimes dreary, duties assigned to you, that it is perhaps better for all to receive the same letter.

      You have been a good soldier and a brave one, and any Army in the world should be proud to number you among its best. Please accept my very grateful appreciation of your services and trust that we may meet again for other and greater adventures of peace or war.

THOMAS G. YOUNG, JR.,
Lt. Colonel, G.S.C.,
Commanding.

Encomio solenne all'870° Nucleo Speciale Guastatori Genio, firmato dal Tenente Colonnello Thomas G. Young, comandante dell'I.C.U n°1, datato 8 febbraio 1945, per il comportamento tenuto dal reparto durante la liberazione di Firenze.

Traduzione:
QUARTIER GENERALE
INITIAL CONTROL UNIT N°1
Presso QUARTIER GENERALE DEL XV GRUPPO D'ARMATE
APO 777 – ESERCITO AMERICANO

ICU/XYZ/2

8 febbraio 1945

SOGGETTO: Encomio dell'870° Nucleo Speciale, Guastatori del Genio.
PER: Assistente Capo dello Staff, G-2, 15° Gruppo dell'Esercito

1. Si desidera encomiare l'870° Nucleo Speciale, Guastatori del Genio per lo splendido supporto che l'intera unità ha reso al Servizio di Intelligence Alleato durante gli anni scorsi, e specialmente durante le operazioni a Firenze con il I.C.U. n°1.

2. Ciascuno e tutti i membri dell'unità, così come l'unità nella sua interezza, compì missioni ad alto rischio sminando, talvolta spesso sotto ed in fronte a cecchini nemici, mitragliatrici, mortai e fuoco d'artiglieria. L'unità riportò diverse severe perdite. Il morale fu sempre alto con coraggio immancabile e prontezza nel compiere il dovere molto in evidenza.

3. Durante il periodo di inattività tra le operazioni, le tristi attività di routine della vita di guarnigione venivano condotte con attenzione ed allegramente.

4. Il Nucleo gode di grande rispetto tra le truppe Americane e Britanniche, con le quali ha collaborato, sia per il suo cameratismo che per la sua eccellenza e per il suo coraggio in azione.

5. Si richiede che l'encomio sia inoltrato all'Esercito Italiano per le azioni e le registrazioni appropriate.

THOMAS G.YOUNG, JR.,
Tenente Colonnello G.S.C.,
Comandante.

(Archivio famiglia De Sanctis)

HEADQUARTERS
No. 1 INITIAL CONTROL UNIT
c/o Hq., FIFTEENTH ARMY GROUP
APO 777 - U. S. ARMY

ICU/XYZ/2
8 February 1945

SUBJECT: Commendation of 870 Nucleo Speciale, Guastatori del Genio.

TO : Assistant Chief of Staff, G-2, 15th Army Group.

1. It is desired to commend 870 Nucleo Speciale, Guastatori del Genio, for the splendid assistance the unit as a whole has rendered to the Allied intelligence services during the past year, and especially during the Florence Operation with No. 1 I.C.U.

2. Each and every member of the unit, as well as the unit as a whole, performed highly dangerous missions in mine clearance, sometimes under and in the face of enemy sniping, machine gun, mortar and artillery fire. The unit sustained several severe casualties. Morale was always high with unfailing courage and readiness for duty much in evidence.

3. During periods of inactivity between operations, the dreary, routine tasks of garrison life were carried out well and cheerfully.

4. The Nucleo is highly respected by the American and British troops with whom it has been associated both for its good comradeship and its excellence and fearlessness in action.

5. It is requested that this commendation be forwarded to the Italian Army for appropriate action and recording.

THOMAS G. YOUNG, JR.,
Lt. Colonel, G.S.C.,
Commanding.

Anche le Forze Armate Polacche in Italia vollero riconoscere il valore del Tenente De Sanctis, conferendogli la Croce al Valore di Bronzo l'8 giugno 1945, per il valore dimostrato nel corso delle operazioni sul fronte del Senio con la seguente motivazione: "Audacissimo comandante dell'870° Reparto Guastatori, addetto alla rimozione di sbarramenti minati sul torrente Senio prima della costituzione della testa di ponte per lo sfondamento della Linea Gotica – 11 aprile 1945". Sono qui riprodotti sia l'attestato di conferimento della decorazione, sia la lettera del 14 luglio 1946 con cui il comandante del Gruppo di Combattimento "Friuli", Generale Tullio Bernardi, inviò a De Sanctis la decorazione polacca, ritirata da un suo sostituto il giorno precedente.

Traduzione:
MINISTERO DEGLI AFFARI MILITARI
No. 226
ATTESTAZIONE
Autorizzazione ad indossare
CROCE AL VALORE

Comando del 2° CORPO

AUTORIZZAZIONE

DE SANCTIS GIORGIO - Tenente dell'Esercito Italiano
ha il diritto di indossare la CROCE AL VALORE

8 giugno 1945

Il Comandante

Anders
Generale di Divisione

(Archivio famiglia De Sanctis)

MINISTERSTWO SPRAW WOJSKOWYCH

Nr. LEG 226

LEGITYMACJA

Upowazniajaca do noszenia

KRZYZA WALECZNYCH

Dowodztwo 2 KORPUSU

LEGITYMACJA

DE SANCTIS GIORGIO - Porucznik Armii Wloskiej

(Oddzial _____) uprawnionym jest do noszenia "KRZYZA WALECZNYCH"

M.p. dnią 8 czerwca 1945r.

Podpis Dowodcy

A n d e r s
gen. dyw.

Motivazione: Audacissimo comandante dell'870° Reparto Guastatori, addetto alla rimozione di sbarramenti minati sul torrente Senio prima della costituzione della testa di ponte per lo sfondamento della Linea Gotica.-

DIVISIONE FANTERIA "FRIULI"
IL GENERALE COMANDANTE

Levico, 14 Luglio 1946

Caro De Sanctis,

ieri in Trento il generale polacco BOHUSZ SZYSZKO ha rimesso le decorazioni polacche concesse durante la guerra di liberazione ai militari del gruppo di combattimento "Friuli".

Non mi è stato possibile causa la brevità del tempo intercorso tra la cerimonia ed il preavviso datomi dai polacchi, invitarti e mandarti a prendere con un automezzo.

Il latore della presente ha ricevuto in nome tuo la croce di guerra con la seguente motivazione:

" Comandante di nucleo pionieri addetto alla rimozione di
    campi minati sul T. Senio prima della costituzione della
    testa di ponte - 11 Aprile 1945 "

ed ha avuto da me l'incarico di rimetterti l'insegna ed il brevetto.

Mi congratulo con te per la decorazione che ti è stata concessa, giusto riconoscimento a quanto tu hai fatto per la liberazione dell'Italia.

Ti abbraccio

- Gen. Tullio Bernardi -

Bernardi

Al tenente DE SANCTIS Giorgio
Via Cerveteri 46   R O M A

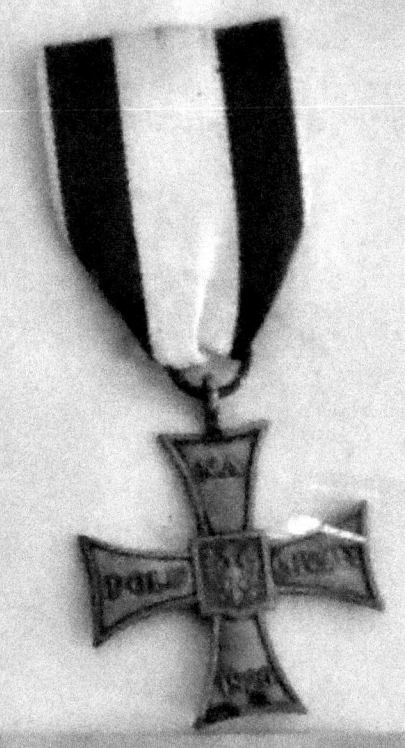

Proposta per l'assegnazione della Medaglia d'Oro al Valor Militare al Tenente Giorgio De Sanctis, datata 6 dicembre 1945, a firma del Comandante del Battaglione Misto Genio del Gruppo di Combattimento "Friuli" Tenente Colonnello Florio Del Prete e controfirmata, per il Comando della Divisone di Fanteria "Friuli", dal Vicecomandante Generale Giancarlo Ticchioni.

(Archivio famiglia De Sanctis)

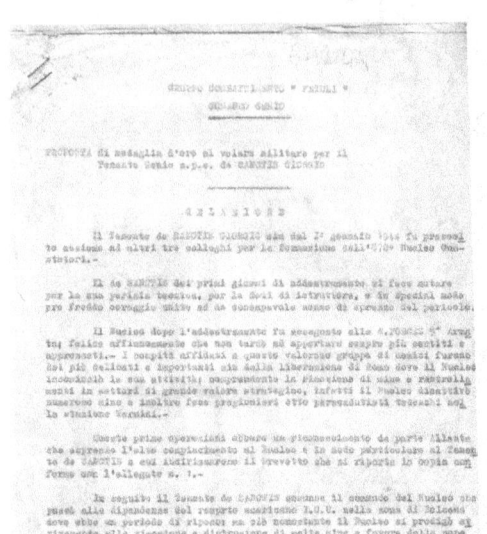

Numero d'Ordine ...

REPVBBLICA ITALIANA

MINISTERO DELLA GUERRA

Il Capo Provvisorio dello Stato

con Suo Decreto in data del 1° Novembre 1946

Visto il Regio Decreto 4 Novembre 1932 n. 1423 e successive modifiche;
Visto il Regio Decreto 23 Ottobre 1942 n. 1195;
Sulla proposta del Ministro Segretario di Stato per gli Affari della Guerra;

Ha conferito la medaglia

d'Oro al valor militare

coll'annesso soprassoldo di Lire Milleinquecento annue

al Tenente s.p.e., 610° nucleo quart. gruppo combatt. "Friuli"

De Sanctis Giorgio fu Giorgio da Guglionesi (Campobasso)

Giovane ufficiale del genio, animato da alto senso del dovere e grande spirito patriottico... (motivazione)

Terreno, Torrente Senio (Riolo dei Bagni), 7 agosto 1944, 11 aprile 1945.

Il Ministro Segretario di Stato per gli Affari della Guerra rilascia quindi il presente documento per attestare del conferito onorifico distintivo.

Roma, addì 30 Gennaio 1947

Registrato alla Corte dei Conti
addì 11 Dicembre 1946
Registro 33 guerra, Foglio 88
F. Venturino

Il Ministro
(Signor Facchinetti)

De Sanctis Fu decorato, nel corso della Seconda Guerra Mondiale, anche con una Medaglia d'Argento al Valor Militare sul campo, per le operazioni a Firenze nell'agosto 1944) e due Croci al Merito di Guerra. Gli fu infine concessa la Medaglia di benemerenza per i volontari della Guerra 1940 – '45.

(Archivio famiglia De Sanctis)

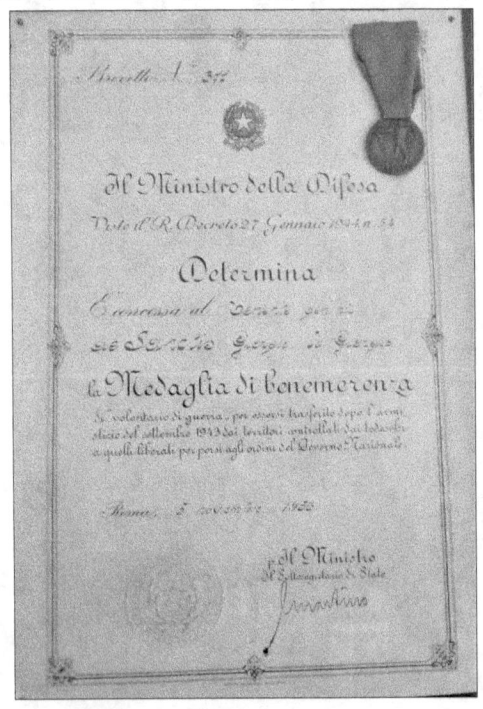

Numero d'Ordine 5429

MINISTERO DELLA ~~GUERRA~~ DIFESA

Umberto di Savoia Principe di Piemonte
Luogotenente Generale del Regno con Suo Decreto
in data del   7 Agosto 1945
Visto il Regio Decreto 4 Novembre 1932 n. 1423 e successive modifiche;
Visto il Regio Decreto 25 Ottobre 1942 n. 1195;
Sulla proposta del Ministro Segretario di Stato per gli Affari
della Guerra;
Ha sanzionato la concessione fatta sul campo dalle autorità
all'uopo delegate, della

Medaglia d'argento   al valor militare

all'annessa soprassoldo di Lire   Settecentocinquanta   annue
al Signor

De Sanctis Giorgio di Giorgio da Gignesa (Campobasso)

Roma, 7 agosto 1943

Il Ministro Segretario di Stato per gli Affari della
~~Guerra~~ rilascia quindi il presente documento per attestare
del conferito onorifico distintivo.

Roma, addì

Il Ministro

Dichiarazione del Ministero della Guerra, Distretto Militare di Roma, relativa alle campagne di guerra a cui aveva partecipato il Tenente De Sanctis, datata 9 febbraio 1950. Secondo il documento De Sanctis prestò servizio in zona di guerra dal 30 aprile al 18 agosto 1943 in Sicilia con l'11ª Compagnia Guastatori e dal 16 novembre dello stesso anno fino all'11 aprile 1945 con l'870° Nucleo Speciale Guastatori Genio.
(Archivio famiglia De Sanctis)

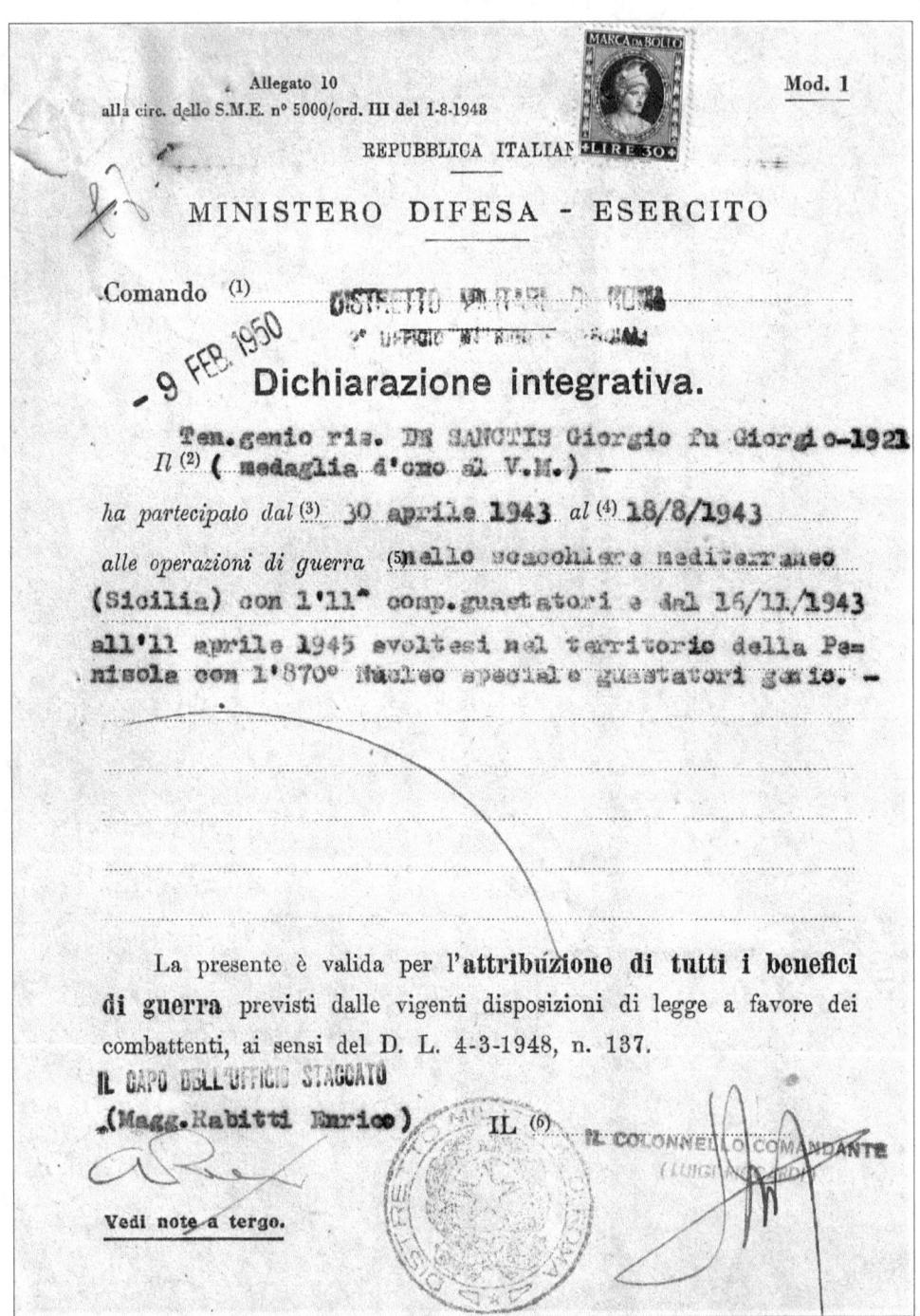

▲ Presso la caserma sede dell'11° Reggimento Genio Guastatori di Foggia si trova una lastra con tutti i nominativi dei decorati di Medaglia d'Oro dell'Arma del Genio.

870° NUCLEO SPECIALE GUASTATORI GENIO GRUPPO DI COMBATTIMENTO "FRIULI" 1945

Fregio e mostrine del Genio

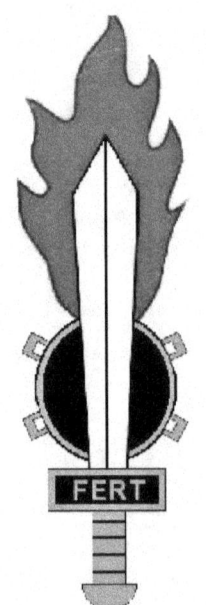

Brevetto da Guastatore

Scudetto tricolore (tipo shoulder-flash) del Gruppo con la sagoma del castello di Udine

© Paolo Paolino Crippa 2020

BIBLIOGRAFIA

LIBRI

- AA.VV., "Forze Speciali e Corpi d'Elite – volume 5 - Genio Guastatori", REI Rifreddo Editore, Cuneo, 2015.
- AA.VV., "Il Gruppo di Combattimento "Friuli" nella Guerra di Liberazione", Istituto Italiano d'Arti Grafiche, Bergamo, 1945.
- AA.VV., "L'arma del Genio", Rivista Militare, Roma, 1991.
- AA.VV., "Soldati e Battaglie della Seconda Guerra Mondiale", Hobby & Work Italiana Editrice, Bresso (MI), 1999.
- Arena Nino, "R.S.I. – Forze Armate della Repubblica Sociale – La guerra in Italia – 1943 – 1944 – 1945", Ermanno Albertelli Editore, Parma, 2002.
- Bocchini Mariano, Gristina Andrea, "Il Gruppo di Combattimento Friuli dal Sannio al Senio 1944 – 1945", Bacchilega Editore, Imola, 2015.
- Bocchini Mariano, Gristina Andrea, "Diari storici militari del Gruppo di Combattimento Friuli 1944 – 1945", Bacchilega Editore, Imola, 2015.
- Coccia Sergio, "I Guastatori del Genio 1940 – 1986 - Tenaci, infaticabili, modesti – Storia, armi e uniformi", Edizioni Sarasota, Massa (MS), 2017.
- Crapanzano Salvatore Ernesto, "I Gruppi di Combattimento Cremona – Friuli – Folgore – Legnano – Mantova – Piceno 1944 – 1945", S.M.E. Ufficio Storico, Roma, 2010.
- Crippa Paolo, Manes Luigi, "Italia 43-45 - I Mezzi Delle Unità Cobelligeranti", Tank Master Speciale n°6, Mattioli 1885, Fidenza (PR), 2018.
- Crippa Paolo, Cucut Carlo, "Reparti Alpini nella RSI", Soldiershop, Zanica (BG), 2019.
- Delleani Vinicio, "Non vogliamo encomi", Mursia, Milano, 2013.
- Marzetti Paolo, "Uniformi e distintivi italiani 1933 – 1945", Ermanno Albertelli Editore, Parma, 1995.
- Pisanò Giorgio, "Gli ultimi in grigioverde", Edizioni F.P.E., Milano, 1967.
- Pisanò Giorgio, "Storia della Guerra Civile in Italia", Edizioni F.P.E., Milano, 1965.
- Ricchezza Antonio, "Quel giorno liberammo Bologna", in Storia Illustrata n. 305, Aprile 1983.
- Rossi Romano, "Il Gruppo di Combattimento Friuli 1944-1945", Bacchilega Editore, Imola (BO), 2009.
- Sparacino Franco, "Distintivi e medaglie della R.S.I." Editrice Militare Italiana, Milano, 1983.
- Tarlao Guido, "Mostrine, fregi, distintivi del Regio Esercito Italiano nella Seconda Guerra Mondiale", Intergest, Milano, 1975.
- Tavoletti Francesco, "Gli scudetti da braccio italiani 1930 – 1946", Edizioni FT, Milano, 2000.

Altri documenti

• Primo Caporale Brusini Enea, "Battaglione Misto Genio «Friuli»", in "ANGET – Genio Trasmissioni", anno IX n°22, Milano, 2012.

• Crociani Piero, "Ancora sui Gruppi di Combattimento", in Storia Modellismo n.11, Dicembre 1977.

• Gruppo Medaglie d'Oro al Valor Militare d'Italia , "Medaglie d'oro al Valor Militare viventi", Tipografia Regionale, Roma, 1952.

• Generale Steiner Piero, "I Guastatori del Genio" in "Bollettino dell'Istituto Storico e di Cultura dell'Arma del Genio", fascicolo n° 28 – dicembre 1948, Scuola Artieri del Genio, Civitavecchia (RM), 1948.

Documenti archivio Famiglia De Sanctis

• Colonnello Agrifoglio Pompeo, "Relazione sui fatti d'arme compiuti dal Nucleo Guastatori del Genio presso il n°1 – I.C.U. dal 1° luglio 1944 al 16 agosto 1944", in originale.

• Tenente De Sanctis Giorgio, "Relazione della 11ª Comp. Guastatori alle operazioni svoltesi sul fronte di Sicilia e di Calabria nell'estate 1943", in originale.

• Tenente De Sanctis Giorgio, "Relazione sull'870° Nucleo Speciale Guastatori Genio (gennaio 1944-maggio 1945)", in originale.

• Gruppo Combattimento "Friuli" – Comando Genio, "Proposta di medaglia d'oro al valor militare per il Tenente Genio s.p.e. de Sanctis Giorgio – Relazione", in originale.

TITOLI GIÀ PUBBLICATI
TITLES ALREADY PUBLISHING

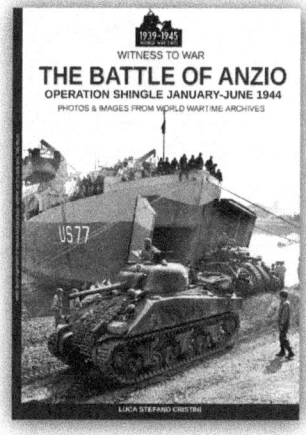

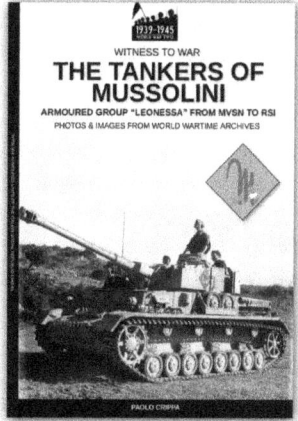
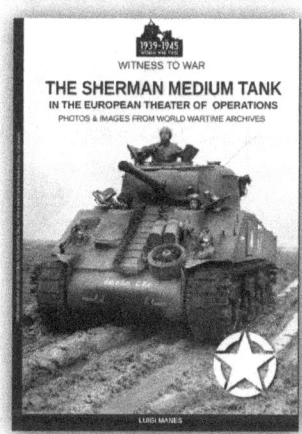

www.ingramcontent.com/pod-product-compliance
Lightning Source LLC
LaVergne TN
LVHW081544070526
838199LV00057B/3769